责任比能力更重要

蔡鲲鹏 著

中国·广州

图书在版编目（CIP）数据

责任比能力更重要 / 蔡鲲鹏著． — 2版． — 广州：广东旅游出版社，2019.4
ISBN 978-7-5570-1761-3

Ⅰ．①责… Ⅱ．①蔡… Ⅲ．①企业—职工—责任感—通俗读物 Ⅳ．① F272.92-49

中国版本图书馆 CIP 数据核字（2019）第 060018 号

责任比能力更重要
Zeren Bi Nengli Geng Zhongyao

广东旅游出版社出版发行
（广州市环市东路 338 号银政大厦西楼 12 楼　邮编：510180）
印刷：嘉业印刷（天津）有限公司
（地址：天津市静海经济开发区北区银海道 48 号）
广东旅游出版社图书网
www.tourpress.cn
邮购地址：广州市环市东路 338 号银政大厦西楼 12 楼
联系电话：020-87347732　邮编：510180
787 毫米 ×1092 毫米　16 开　10.25 印张　102 千字
2019 年 4 月第 1 版第 1 次印刷
定价：38.00 元

［版权所有　侵权必究］

本书如有错页倒装等质量问题，请直接与印刷厂联系换书。

CONTENTS | 目 录

前言 /III

第一章 责任胜于能力，更能提高能力
责任承载能力 /003
责任心比能力更重要 /012

第二章 信守责任，一切从"我"做起
做好工作，承担过失 /019
公司兴亡，"我"的责任 /033

第三章 勇于负责，不找借口找方法
责任面前不找借口 /041
没有做不成的事，只有不负责任的人 /044
一切借口止于"我"，对结果负责 /047

第四章 尽职尽责，高效执行
高效执行就是给老板结果 /055
拒绝逃避，执行不怕失败 /059
拒绝拖延，今日事今日毕 /062

第五章　善职善责，主动把工作做到完美

主动做事，不做"按钮员工" /067

自动自发，为自己工作 /073

工作无关心情，理性对待工作 /076

正确看待压力，将压力转化为动力 /079

视工作为事业 /081

用老板的思维想问题、做事情 /083

责任决定细节，细节决定成败 /087

"差不多"结果往往"差得多" /093

责任就是把细节做到位 /098

第六章　落实责任，凝聚团队

明确岗位职责，做到人人头上有责任 /105

健全责任体系，打造责任共同体 /113

建立责任文化，营造责任氛围 /119

第七章　超越责任，从优秀到卓越

责任是与生俱来的使命 /129

强者承担责任，弱者逃避责任 /131

干一行，爱一行 /135

机会只青睐有责任心的人 /139

责任比报酬更重要 /143

拒绝雇佣思想，与企业一起成长 /147

忠诚，对企业不抛弃不放弃 /153

前　言

在市场经济的冲击下，"一切向金钱看齐""人为财死，鸟为食亡"成为很多人的座右铭，于是越来越多的人为了一己私利做出损害企业、损害社会、损害国家的事，根本不知责任为何物。

我想说的是，责任是上天赋予人类的使命。微软创始人比尔·盖茨曾对他的员工说："人可以不伟大，但不可以没有责任心。"也就是说，你可以信奉"平平淡淡才是真"，可以不去追求世俗世界的成功，但你对自己的工作不能没有责任心。

在企业中，每个阶层都有自己的职责：高层领导的责任在于进行宏观决策，把控好企业的前进方向；中层干部的责任在于把员工团结起来，大家拧成一股绳，向着共同的目标迈进；基层员工的责任在于做好本职工作。

但许多人缺乏责任意识，对自己的工作敷衍了事，对部门之事、企业之事视而不见。

有一次我去一家企业做咨询，发现挂在门外的 LED 广告牌有一部分坏掉了。结果一个月之后我再去这家企业时，发现情况依旧，于是我找来各部门的主管一一谈话。

行政部门说"我们已经通知后勤的维修部门了，这不是我们的问题"，维修部门说"负责这项工作的工人请了长假，要等他回来再说"，生产部门说"这不关我们的事，我们只管生产"……

　　从岗位职责上讲，广告牌坏了的确是维修部门的事，但每天进进出出办公大楼的人这么多，难道都没有看到这个问题吗？难道都没有意识到这个问题会影响企业的形象吗？当然不是。可为什么大家都没有行动起来呢？我想，原因是他们没有意识到责任的重要性。

　　责任感不是虚无缥缈、不可捉摸的，它不仅能够给他人带来好处，还能使自己更加优秀：

　　当一个人有了高度的责任感，他就有了旁人无法企及的精神支柱，这根精神支柱能够支撑着他，完成连他自己也想象不到的事情；

　　当一个人有了高度的责任感，他就有了相信自己、相信未来的信念；

　　当一个人有了高度的责任感，他就有了面对再大困难也要去克服的决心；

　　当一个人有了高度的责任感，他就有了想尽一切办法也要成功的力量；

　　……

　　翻开本书，书中的一个个生动的案例将向你证明：

　　只有在工作中负起责任，你才能拥有无穷的斗志和奋勇向前的激情；

　　只有在工作中负起责任，你的工作才能被领导认可，你才能在职业生涯中走向辉煌！

第一章
责任胜于能力，更能提高能力

> 人所能负的责任，我必能负；人所不能负的责任，我亦能负，如此才能磨炼自己。
>
> ——林肯

责任承载能力

责任寄语

责任承载能力。对工作挑三拣四、推三阻四的人,只能是职场的被动者、他人眼中的无能者,即使工作一辈子,也不会获得出色的业绩。只有具备强烈的责任感,能力才会有用武之地,才能得到淋漓尽致的展现。

能力和责任都是职场人士必须具备的职业素质,但在我看来,责任第一,能力第二;先有责任,后有能力。

责任承载能力

人与人之间的竞争,除了专业能力、人际关系之外,还有责任心的竞争。而且责任心是一切能力的根基，一个人若缺失了责任心，就如无源之水、无本之木，再有才能也很难取得成功。君不见每年有大批大学毕业生涌入社会，但随着时间的流逝，他们的境遇却可能出现天壤之别：有的人不断升职，走上了管理岗位；有的人却仍是原地踏步、毫无建树。而造成这一差距的原因，除了才华与能力，在我看来，责任心也起着很大的作用。

千万别小看责任心。一个人有了责任心，就会对工作倾注全部热情，就会放弃一切懦弱，勇敢地承担工作带来的压力、紧张、责罚与痛苦。歌德曾说过，"责任就是对自己要求去做的事情有一种爱"。当一个人对工作充满责任感时，便会积极主动地应对工作中的一切，并力求做到最好。

有一次，我为了准备一堂课，需要一本参考书，于是要求助理小王帮我找，而且要求他当天就给我。小王接到任务后就赶紧跑去书店。结果找了好几家，不是没有卖的，就是已经卖断了货。

对于一般人来说，到了这个程度可能就会放弃，但小王没有这么做。他想了很多渠道，比如在网上购买、从网上下载、去出版社买、找朋友借，结果对方不是没有，就是时间赶不上。

到了下午6点钟，小王还是没有回来，我估计他是完不成任务了。就在这时，我突然看到小王气喘吁吁、满头大汗地跑过来。他将手上的东西拿给我，我定睛一看，原来是一沓复印稿。小王看出了我眼中的疑惑，解释说："蔡老师，我想遍了所有办法，最终想到图书馆可能有，于是赶在图书馆下班前去了一趟，结果真有你要的书，我就复印了一份。"听了他的话，我发自内心地赞赏道："小王，你现在虽然还在基层工作，但我相信，不久你就会有一番作为。因为我在你身上看到了一种别人没有的精神——对自己的工作负责。"

在职场中，能如案例中的小王那样尽职尽责的人并不多。他们不愿承担岗位赋予的职责，也不想发挥自己的聪明才智圆满完成上级交代的任务，只想着如何敷衍了事。所以，在微弱的责任心面前，他们即使有再强大的能力，也无法发挥出来。

小肖负责公司的产品质量投诉工作，他很能干，但就是爱耍"小聪明"：凡是能给自己增光添彩的活儿他就抢着干；而对于比较棘手的事，他就会想办法推给其他部门或者其他同事。

有一次，公司刚上市的一款产品被客户投诉质量有问题。他检查了该产品，认为不是工艺、原料等方面的问题，而是技术不成熟造成的。他将问题反映到技术部门后，技术部门却说产品上市前已通过技术检测，不可能是这方面的问题。小肖认为不是自己不想解决问题,而是技术部门不配合,再说技术不成熟也不算是产品质量上的硬伤,就把问题搁置起来。

没过多久,产品出现大量退货,给公司造成了巨大的损失。在追究责任时,小肖仍然认为自己没有责任,问题出在技术部门不配合,丝毫没有认识到自己是质量问题的总负责人——虽然不需要对技术bug负直接责任,但应当起到统筹协调的作用。

最终,小肖为自己的不负责任付出了沉重代价——被一撸到底,成为在流水线上质检产品的普通工人。

责任承载能力。对工作挑三拣四、推三阻四的人,只能是职场的被动者、他人眼中的无能者,即使工作一辈子,也不会获得出色的业绩。只有具备强烈的责任感,能力才会有用武之地,才能得到淋漓尽致的展现。

责任放大能力

许多人在工作中都抱着"60分万岁"的想法:工作不到最后期限绝不做完;只要上司不说重做,绝不费心思打磨。而具有强烈责任心的员工,抱着凡事都要做到最好的想法,对工作倾注极大的热情,往往能将同一件事做到90分,甚至100分,不仅使自己的才能得到最大的释放,也为公司创造了最大的价值。可见,责任能放大能力(见图1-1)。

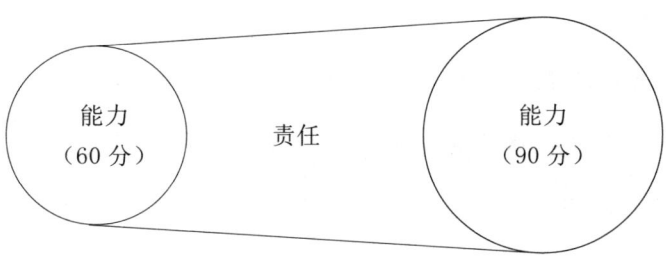

图1-1 责任放大能力

小李和小王是同一家公司的业务员。小李为人机灵,嘴巴也甜,虽然专业能力差了点,但因为是领导身边的"红人",领导总是把手里的优质资源给他,所以他的业绩也算不错。小王专业知识扎实,但由于不善于和客户打交道,成交率总是不高。小王见小李没什么本事,只是因为能讨领导欢心,不用费多大力气,业绩就比自己好得多,觉得自己努不努力都一样,索性自暴自弃。结果小王业绩垫底,面临被裁员的危险。

有一次,公司请培训师为全体员工上了一堂主题为"责任与能力"的培训课,小王认识到:自己之所以业绩不好,关键在于没有将工作做到完美的意识,也不具备与之相匹配的能力。于是小王一改先前的颓废,一边观察小李是如何与人打交道的,一边取其精华去其糟粕,不断地改善自己的交际能力。没过多久,其业绩一路飙红,坐上了业绩第一的宝座。

强烈的责任心不仅能让人从平庸变为优秀，甚至能促使优秀的人将事情做到完美。

沃尔顿是个油漆工的儿子，跟着父亲学了一手好活儿。他考上著名的耶鲁大学时，由于没有足够的钱交学费，决定打工挣钱。凭借自己的手艺，他揽到了一份不错的活儿——为一户人家重新粉刷门窗。

当他粉刷完门时，不小心碰到了门，结果门倒了下去，砸在了墙壁上，在雪白的墙壁上留下了一道痕迹。当然，这道痕迹如果不注意是看不出来的，但沃尔顿认为，敷衍不是自己的做事风格，既然工作就要做到最好，于是，他又把这面墙壁重新刷了一遍。但这时他又发现，这面墙壁与其他墙壁相比颜色深了，为了保持颜色一致，他又把所有的墙壁刷了一遍。可这时问题又来了——油漆没有了，但还有几扇窗户没有刷！于是他向主人说明了情况，请主人预支钱给他买涂料，并表示涂料钱从自己的工钱里扣除。主人很欣赏沃尔顿认真负责的精神，说道："这样，你就没剩多少工钱了。"沃尔顿回答说："这是我的作品，不能留下让人指点的瑕疵。"

房子的主人为此很欣赏沃尔顿，他不仅资助沃尔顿读完大学，还将女儿嫁给了沃尔顿。十年后，他又将自己的公司交给沃尔顿经营。

沃尔顿接手公司后，不断扩张，使这家位于美国中部阿肯色州的本顿维尔小城的小公司，发展成为连锁店达4000多家，不仅布满全美，而且遍布全世界的连锁巨头——沃尔玛。

责任具有一股神奇的精神力量，它不仅能激发人的动力、潜力和活力，让人将事情做到完美，甚至能创造奇迹。

2008年4月7日，当奥运圣火在巴黎街头传递时，火炬手金晶坐在轮椅上，用自己羸弱的身躯抵抗着暴徒的袭击，只为了保护手中的奥运火炬。事后，当记者问到是什么力量让她坚持了那么长时间时，她回答："因为相信凭我的力量，他们是抢不走的。"这股力量正是来自对圣火、对国家的责任感，来自一种超越自我的责任感和精神。正是这种责任感，让金晶的体能得到了爆发，使她能够在穷凶极恶的暴徒面前无所畏惧。

中国人常说"急中生智"，意思是说在紧急情况下，本着一股必须达到目标的高度责任感，人往往能够将自己的潜力发挥出来，做出平时不敢想也做不到的事，甚至创造奇迹。如果员工都能像金晶一样具备强烈的责任感，对工作倾注自己最大的热情，就也能使自己的能力最大化，从而使自己变得更加优秀。

责任提升能力

一个人的能力是与其担当的责任成正比的。如果一个人敢于承担责任，不怕问题缠身，那么随着时间的推移，他的能力就会越来越强。

我的一名学员在初入公司时只是一名库管员，却一做就是三年。在这三年中，他没有像其他库管员那样仅仅把自己当成看门的，而是努力钻研库管知识，出货、发货没有出现一次纰漏，货物也摆放得井井有条。由于工作出色，他得到了公司上下的一致认可。后来公司开了一家分公司，还差一名财务，老板觉得他忠实可靠，就让他去分公司做财务。

其实他本人并不喜欢做财务，但仍然抱着既然接受了就要好好干的心态，努力钻研财务知识，同时虚心向老财务学习。就这样他在财务岗位上又做了三年，所做账目从没出过差错。

随着公司的规模越来越大，管理人员严重不足，老板需要从现有的员工中选拔一批表现良好又对企业忠诚的人承担管理职责，他顺理成章地被列为重点培养对象，成为一名店长助理。

当上店长助理后，除了做好本职工作，他还十分留心向店长学习门店的管理知识。两年后，客户服务部经理的位置空缺，他又被调到客户服务部当经理。

当他把这个消息告诉我时，我除了向他道贺，还对他说了这样一番话："我相信只要你在新的岗位上继续用心学，随着你对公司的了解越来越多，你的前途会更加光明。"果然不出我所料，一年后，公司开设了新业务，他又被调去做了新业务的"一把手"。

在职场，有很多人不明白责任与能力之间的关系，面对工作辛苦却又没有多少"油水"的岗位时往往拒绝承担，觉得做这种工作就是在做"无用功"。在他们眼里，能让其直接获得薪水或者升职的就是"有用功"，而不能立竿见影的工作就是"无用功"。

其实，得与失是相对的，"无用功"其实并非真的无用。只要你懂得权衡利弊、懂得放弃与坚持、懂得举一反三与把握机会，今天所有"无用功"的积累，一定会造就明日成功的爆发。反之，今天有一个问题你认为和自己无关不想解决，明天有一个问题你觉得不在自己职责范围内不去解决，就意味着将提升能力的机会让给了他人，那么和他人相比，你的能力就会不断钝化、萎缩。不出几年，你与他人的职场境遇可能就会有天壤之别。

所以，要想提高自己的办事能力，受到他人的赏识，最关键的一点，是时刻记得把工作放在心里，时刻盘算着如何才能把工作做到极致，做到万无一失。有了这种对工作高度负责的精神，你的工作能力想不提高都很难。

责任心比能力更重要

责任寄语

这个世界不缺才华横溢、能力突出的人,缺的是勇于负责的人。所以在职场中,有强烈责任心的人,即使能力有所欠缺,却比能力强但缺乏责任心的人更容易获得老板的青睐。

能力重要,责任心更重要

这个世界不缺才华横溢、能力突出的人,缺的是勇于负责的人。所以在职场中,有强烈责任心的人,即使能力有所欠缺,却比能力强但缺乏责任心的人更容易获得老板的青睐。

小李中专毕业后到一家幼儿园应聘,去了才发现,她是所有应聘者中学历最低的,在唱歌、跳舞等方面也没有特别突出的地方。她感到很沮丧,觉得自己根本没有希望应聘成功。

她在等候面试时,忽然听见一个孩子的哭声。她循声望去,发现一个小女孩正坐在操场上,身上全是土。她一下忘了自己正在准备面试，本能地站起身跑到小女孩身边，一边把小女孩拉起来，一边拍小女孩身上的土，嘴上还不停地询问小女孩伤着没有。这一幕恰恰被路过的园长看见了。园长在询问了招聘老师后，知道小李是一名应聘者，就将她请进了自己的办公室，决定亲自面试她。

在看了小李的简历后，园长很高兴地对她说："李老师，恭喜你，你已经被我们幼儿园录取了。"

正当小李百思不得其解的时候，园长说："我知道你在今天这批应聘者中并不是出类拔萃的，但你用行动证明你担负得起一名幼儿教师的责任。能力、经验不足，可以在工作中弥补、提高，但热爱幼儿的心不是人人都有的。"

责任是员工最基本的职业精神。有一位伟人曾说："人生所有的履历都必须排在勇于负责的精神之后。"如果将成功比作一栋高楼大厦，那么责任就是地基，专业能力就是大厦，只有地基牢固，大厦才有可能建得更高。有些员工不懂得这个道理，自恃能力很强，不把工作放在心上，应付了事，结果为自己的骄傲付出了沉重代价。

在一家设计公司做文案工作的小张，文章写得顶呱呱，公司大大小小的文件、报告都要他动笔。

过了两年，小张认为自己在公司的地位无人可以动摇，就本着能者多劳的心态，干起了兼职。但他不是利用休息时间做这些私活儿，而是挤占上班时间做，这样，公司的活儿就一拖再拖、能推就推，实在推脱不了，就应付了事。时间一长，上司觉得他很难担当重任，而且已经影响了整个团队的工作进度，于是让他离开了公司。

在企业中，缺乏责任感的人是不受欢迎的，老板也不会花费精力去培养，甚至会"去之而后快"。因为没有责任感就意味着对公司没有归属感，不仅不能为企业尽心，还会将这种消极思想传染给周围的员工，对团队的责任氛围造成不良影响。

员工的责任心决定企业的竞争力

责任心比能力更重要。不仅员工要牢记心中，企业老板也要时刻牢记，不要迷信能力可以解决一切问题，因为在很大程度上，员工的责任心决定企业的竞争力。

在企业中，按照责任心与能力的大小，员工可分为四种（见图1-2）。

能力上是一把好手，态度又认真负责、兢兢业业的人，被称为"极品"。"极品"员工可遇不可求，企业要对其提拔重用。

责任心很强，工作认真负责、有担当，但能力稍微有所欠缺，这样的人被称为"半成品"，企业可以花时间、金钱培养。只要其能力提升了，成为"极品"员工指日可待。

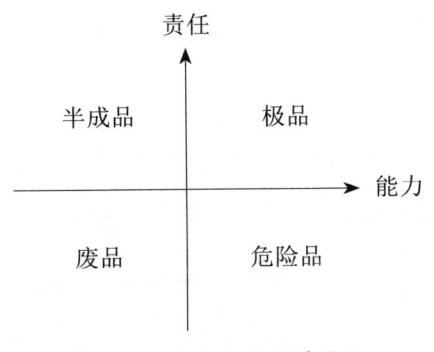

图 1-2　企业中的四种员工

能力差、做事也不认真负责的人被称为"废品"。对于这类员工，企业要毫不犹豫地将其扔掉。

能力强但责任心不强的人被称为"危险品"。这种人仗着自己能力强，企业说往东走，他偏要朝西走；企业说要配合方针政策，大家一条心，他说不行，我要个人主义。这种人能力越强，破坏性越大。对于这类员工，企业要对其限制使用，要学会驾驭。如果实在难以驾驭，要有壮士断腕的勇气，将其开除。

对于"废品"员工的处理方式，企业大多无异议；对"极品"员工，企业也能做到知人善任。但在如何处理"危险品"员工及"半成品"员工上，很多企业搞错了责任与能力的关系，唯能力马首是瞻，往往将"危险品"员工放在关键岗位，不加监督地委以重任。这样做，势必会为企业带来极大的潜在危险。

张某为某高科技公司的骨干技术人员，由于能力突出，在短短三年内就取得了多项技术创新，为公司赚取了巨大的利润。一时间，张某成为公司高层领导眼里的"红人"，还得到了一笔数额不小的奖金。

但张某认为公司对自己的奖励远远小于自己的贡献。他觉得凭借自己的能力，完全可以担任技术总监一职。但高层领导认为张某是个专才，如果不加以培训，无法胜任管理职责，就没有答应张某的要求。

对此张某怀恨在心，不久就利用职务之便，将自己掌握的新技术偷偷卖给了公司的竞争对手。公司发现后，虽然以泄露商业机密罪将张某告上法庭，使其获得了应有的惩罚，但公司在业内的技术优势已荡然无存，经济损失也极为惨重。

只重视能力而忽视责任的企业，不可能走得长远，只有那些员工视责任如生命的企业才可能走得更稳、走得更远。所以，企业一定要有"能力重要，责任心更重要"的意识，并不断地向员工灌输这一意识。

但相比提升能力，责任心的提高难度更大。因为责任心属于态度范畴，涉及人的价值观的调整。所以，企业首先要把好招聘关，在考察应聘者的业务能力的同时，不要忽略对其责任心的考察。其次，要加强对员工的责任培训，提高员工的责任意识，并将责任落实到工作中，这样员工才能为企业创造更大的价值。

第二章
信守责任，一切从"我"做起

> 有两种人成不了大器，一种是除非别人要他做，否则绝不主动做事的人；另一种则是即使别人要他做，也做不好事的人。那些勇于负责，不需要别人催促就会主动做事，而且不会半途而废的人终将成功。这种人懂得要求自己多付出一点点，而且做得比预期的更多。
>
> ——安德鲁·卡内基

做好工作，承担过失

责任寄语

员工要有螺蛳壳里做道场的精神，将工作做到极致，才能逐渐增长才干、赢得认可；而一心想做大事，认为"简单的工作不值得做"的人，永远只能是随时会被替代的小人物。

英国王储查尔斯说过一句话："这个世界上有许多你不得不去做的事情，这就是责任，这就是你不得不做出的选择。"有很多事情即使你不想做也得做，因为这是你所承担的角色、你所在的岗位应该担当的，因为它是你的责任所在。

在职场中，经常有人说"凭什么……"的句式，比如"凭什么要我做而不让他做""凭什么扣我工资"……在我看来，能说出这种话的人根本不懂得什么是责任。

责任有两层含义：一是做好工作，二是承担相应的过失。

责任就是做好工作

工作包含三个层次：岗位之事、工作之事和企业之事（见图2-1）。

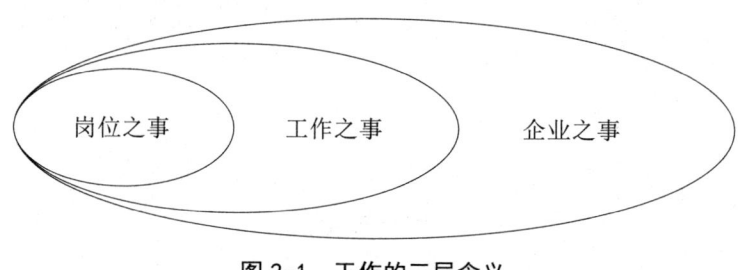

图2-1 工作的三层含义

岗位之事

做好岗位之事，就是爱岗敬业，履行岗位职责。做好本职工作，是我们每个人义不容辞、责无旁贷的责任，是每个职场人士都应该达到的最基本的要求。但这一点仍有许多人不明白，即使明白，真正做到的也不多。

有一次，李开复听了家人的推荐，下班后就径直去了一家理发店，找到一位名叫Gary的小伙子给自己理发。

Gary见到李开复非常激动，一边给他理发一边问个不停。40分钟后，当李开复回到家，家人大吃一惊。原来理发师只顾与李开复讨论问题，根本没把心思放在理发上，结果李开复的头发成了无辜的牺牲品。看着惨不忍睹的头发，李开复下定决心永远不再去这家理发店。

在李开复看来，年轻的理发师有理想并追寻理想是好的，但他只有先把本职工作做好，才有资格期望更多。

现在越来越多的人不把心思放在做好本职工作上，总是想寻找好做的事、容易做的事，最终为自己的小聪明付出了沉重代价。

有一个农夫养了两匹马，有一天，他准备让这两匹马驮点东西到集市上卖。第一匹马任劳任怨、认真负责，尽管背上的货物很重，它还是很努力地往前走，而另一匹马偷懒耍滑，被远远地落在后面。可是后面的那匹马不仅不努力赶上，还在心里诋毁前面的马："你这个傻子，走那么快干吗？还不是为了在主人面前表现自己。"

主人看到两匹马的速度差了很多，以为后面的那匹马负担过重，于是就卸下一半的货物放到第一匹马的背上。第一匹马并没有因为负担的货物变多而放慢脚步，它仍然很认真努力地往前走。后面的那匹马见状就幸灾乐祸道："你看你辛苦吧，流汗吧，你越是努力干，主人越要折磨你。"结果后面的那匹马不仅没有加快速度，反而走得比以前更慢了。很快主人就发现后面的那匹马并没有因为负担减少而走快，就把剩下的货物都转移到了第一匹马的背上。第一匹马依旧非常努力地拼命往前走。后面的那匹马甭提多高兴了，不禁为自己的"聪明之举"暗暗叫好。

到了集市上，主人卖掉了货物后，心想：既然一匹马就能干完所有的事，我不如把那匹脚力差的马卖掉。

努力做好本职工作，既是一条退路，也是一条进路！

张欣找到新工作后，去向自己的大伯取经。因为大伯是一位退休的局长，深谙职场之道。听了张欣的话，大伯也没有多说什么，只强调了一点：做好本职工作。

张欣牢记大伯的叮嘱，工作兢兢业业、任劳任怨。过了没多久，公司另一个重要部门的经理看上了张欣，想把他调到自己的身边。当张欣的顶头上司转告这一好消息时，张欣并没有答应，他告诉上司"现在的这份工作还没有上手，不想调走"。上司听了大为感动。现在，张欣已经是上司身边最信任的"红人"，前途一片大好。

很多人之所以做不好工作，缺的不是聪明才智，而是主动做事的精神。钢铁大王卡内基曾经说过："有两种人成不了大器，一种是除非别人要他做，否则绝不主动做事的人；另一种则是即使别人要他做，也做不好事的人。那些勇于负责，不需要别人催促就会主动做事，而且不会半途而废的人必将成功。这种人懂得要求自己多付出一点点，而且做得比预期的更多。"

有些人之所以缺乏主动做事的精神，是因为觉得自己干的活儿微不足道，即使干好了，也没人重视、无人奖励，体现不出自己的聪明才智。这种想法是错误的，要知道公司不是慈善机构，既然支付薪金聘请你，你所承担的工作自然是他人无法替代的，你的劳动成果的重要性是毋庸置疑的。

全国劳动模范李素丽自1981年参加工作后，在平凡的岗位上，把"全心全意为人民服务"作为自己的座右铭，真诚、热情地为乘客服务。她几十年如一日地对每一位乘客报以真诚的微笑，用热情的话语接待每一位乘客，用细心的关怀感动每一位乘客。老年人上车她会上前搀扶；上班族赶时间，她尽量让司机等一会儿，让他们赶上车；外地的乘客由于不熟悉线路容易坐过站，她会及时提醒……她甚至认真学习英语、哑语，努力钻研心理学、语言学，潜心研究各种乘客的心理和要求，并利用业余时间走访每个站点，熟悉站点周围的情况。她之所以这么做，就是为了给乘客提供更有针对性的服务。

在中国，从事服务行业的人何止千万，但能做到李素丽这种程度的人却为数不多。平凡的工作只要做到了极致，也能取得巨大的成功。而一心想做大事，认为"简单的工作不值得做"的人，永远只能是随时会被替代的小人物。

工作之事

有些人明白做好岗位之事的重要性，也能尽职尽责，但对与岗位无关的事却抱着"多一事不如少一事"的心态不闻不问。一旦需要他们做些看似与本职工作无关的事情，他们总是直接甩出一句"又不是我的事，凭什么让我干！"

每次听到有人这么说时，我就会问他"你来企业是干什么的？"他说是养家糊口。我说："你错了，进入企业后，你不能仅仅为钱而工作，你还得在这个平台上展现自己的才华和价值。你不仅要对自己与家人负责，还要对同事负责，对企业负责，甚至还得对客户负责，所以你来企业不仅仅是挣那几个钱而已。"

岗位与岗位之间，部门与部门之间不是孤立存在的，许多工作需要相互协作、相互支持才能完成。而这种看似与本职工作无关但又需要配合才能完成的工作，就是工作之事。

许多员工不懂得这个道理，在工作中往往因个人好恶不配合他人工作，导致工作无法进行下去，使公司遭受不必要的损失。

某公司仓库设有两个岗位，一个负责跟单，一个负责发货。此外，两位员工还需要相互配合，比如盘点。但由于性格等原因，两位员工彼此都看对方不顺眼，结果导致盘点数据每月都对不上数，发货也时常有错，给公司造成了不小的损失。但当仓库主管问及原因时，双方都觉得自己的工作没有问题，问题都出在对方不配合自己的工作。

工作中之所以会出现互相扯皮、不配合的情况，一是因为员工缺乏内部服务意识，二是因为岗位职能、工作流程不够明晰，出现了职责交叉。出于趋利避害的本能，对于没有明文规定必须由自己做的事，员工大多本着"多一事不如少一事"的原则，绝不多做一点点。

撇开职责交叉问题不谈，如果能够在完成本职工作之外，积极主动地配合其他同事、其他部门完成工作，不仅能够提高自己的才干，还能赢得大家的尊重、领导的器重和组织的重用。

卡洛·道尼斯是世界知名的投资顾问专家，他最初为杜兰特工作时，职务很低，但现在已成为杜兰特先生的左膀右臂，担任一家下属公司的总裁。他之所以能快速升迁，秘密就在于每天比别人多干一点。

道尼斯在为杜兰特先生工作之初就注意到，每天下班后，所有的人都回家了，只有杜兰特先生仍然会留在办公室里继续工作到很晚，因此，他决定下班后也留在办公室里，以便杜兰特先生在需要时为其提供一些帮助。最初，找文件、打印材料这些琐事经常由杜兰特先生亲自做，但当他发现道尼斯同他一样留在办公室加班时，就将这些事交给道尼斯做。就这样，道尼斯成功地赢得了杜兰特先生的关注，并最终获得了提升。

不要觉得在工作中多做事或多帮别人干点儿活就是吃亏，相反，你应该感到庆幸，因为领导让你多做事，说明他信任你、赏识你。吃亏是一种贡献，你贡献得越多，得到的回报也就越多。

企业之事

企业的每一个员工都有责任、有义务维护企业的形象及声誉，为企业的发展贡献自己的力量，这就是企业之事。但很多人意识不到这一点，对企业之事往往视而不见。君不见下班时有很多人都做不到随手关电源、关灯、关门，恐怕他们心里想的是"反正还有人在工作，这些事不是我负责，又不花我一毛钱"。但就是这种"事不关己，高高挂起"的态度，很有可能给企业造成损失。

有一次我到一家企业做培训。在路过这家企业的办公大厅时，发现地面上有一摊水。由于地面铺的是瓷砖，一个客户不小心踩到了这摊水，差点滑倒。后来查明是清洁工没有及时擦干地面。

可想而知，当值的清洁工肯定会因此受到相应的处罚，但是其他员工是不是一点责任都没有呢？当然不是。清洁地面对于清洁工来说是岗位之事，但对其他员工来说就是企业之事。即使清洁工没有及时擦干地面，其他员工在看到这摊水时如果能够想到万一有客户或其他同事滑倒就不好了，赶快想办法把水迹擦干的话，也不会出现上述情况。

有些员工心里也明白企业之事是自己应尽的职责，但他们认为自己就是一个打工仔，做了这些事，也不会让自己的收入提高。实际上，每一个员工与企业都是命运共同体，是一荣俱荣、一损俱损的关系。如果你有能力为公司创造更多的效益或帮助公司避免不必要的损失，即使不在你的职责范围内，你也一定要付诸行动。因为没有哪一个领导会因为员工的责任感而对其加以批评或者责难，相反，还会因此对他青睐有加。

　　约翰应聘到钢铁公司工作还不到一个月，就发现公司存在一个很大的隐患：很多矿石并没有得到充分的冶炼，导致矿渣中还残留着很多没有被冶炼好的铁矿石。他心想：如果这样下去的话，公司岂不是要受到很大的损失？
　　于是，他找到了负责这项工作的工人，跟他说明了问题。但这位工人说："如果有问题，工程师一定会跟我说。但现在还没有哪一位工程师向我说明这个问题，说明现在没有问题。"
　　约翰又找到负责技术问题的工程师，对他说明了这一问题。但工程师认为约翰只是为了表现自己，便反驳："我们的技术是世界一流的，怎么可能会有这样的问题？"

虽然接连碰壁，但约翰没有气馁，他拿着仍残留着铁的"矿渣"找到公司负责技术的总工程师："先生，我认为这是一块没有冶炼好的矿石，您认为呢？"

总工程师看了一眼，说："没错，年轻人，你说得对。哪里来的矿石？"

约翰说："是我们公司的。"

"怎么会？我们公司的技术是一流的，怎么可能会有这样的问题？"总工程师很诧异。

"工程师也这么说，但事实确实如此。"约翰坚持道。

"看来是出问题了。怎么以前没有人向我反映？"总工程师恼怒道。

总工程师随即召集负责技术问题的工程师来到车间，果然发现了一些冶炼并不充分的矿石。经过检查发现，原来是监测机器的某个零件出现了问题，才导致矿石冶炼不充分。

总经理知道了这件事之后，不但奖励了约翰，还将其晋升为负责技术监督的工程师。总经理事后不无感慨地说："我们公司并不缺少工程师，但缺少的是负责任的工程师。对于一个企业来讲，人才是重要的，但更重要的是真正有责任感的人才。"

企业员工要像约翰那样，即使不是分内职责，只要遇到了，就要本着"企业的事就是我的事"的原则，主动承担责任。比如，客户打电话向你寻求帮助时，即使他所说的事不在你的职责范围内，你也不能以"我不知道"来搪塞客户，而应告知对方负责此项工作的部门负责人的联系方式。如果你不清楚应该找谁，应该让客户留下联系方式、公司名称及姓名，待查清楚后再将结果告知对方。

"众人拾柴火焰高"，只有每一个人都往企业这个炉子里面添一把柴，企业的火才会燃烧得更旺。如果大家总是盯着自己得到了多少，不愿意多付出一丁点努力，怎么可能把蛋糕做大？当蛋糕只有那么一点，你又如何能分得更多呢？

勇于承担过失

负责任说起来容易，做到很难。当你因为没有做好工作而给组织造成损失时，站出来坦承自己的过失，勇敢地追究自己的责任，是非常需要勇气的，需要战胜自我。

在做现场培训的时候，我通常会与学员进行这样的互动：我命令所有学员起立，要求他们在我的口令指挥下做一些简单的动作。比如，当我喊"1"的时候，所有的学员向左转，喊"2"的时候所有的学员向右转，喊"3"的时候所有的学员原地不动,喊"4"的时候所有的学员踩一下脚,喊"5"的时候所有的学员向后转。当然,这5个口令我不会按顺序喊,所以很多学员在这一过程中会出现差错。这时我就会要求犯错误的学员主动走上讲台,面对其他的学员鞠上一躬,然后举起右手大声说"对不起,我转错了"。

在做这个互动时我发现,勇于承担责任真的很难做到。很多学员明明做错了,但当我说"这一次转错方向的朋友请上台",几乎没有人动弹,即使我再次提醒,也只有少得可怜的几个人上台。

互动结束后,我总结道:"我们仅仅是做一个互动,做错了既不会罚你们的钱,也不会扣你们的绩效,更不会把你们开除,只是让你们站上讲台,面对其他的学员承认自己错了都这么难,可以想象在实际工作中,当你们做错了事,承担责任就意味着扣工资、扣绩效时,主动承认自己错了将更加艰难。"

人们通常愿意对运行良好的事情负责,却不情愿对出了偏差的事情负责,因为承认错误、承担过失往往意味着接受惩罚。为了躲避惩罚,有些员工就会把问题归罪于外界或他人,为自己开脱。比如:工作业绩不理想,一定是老板领导无方、相关部门不配合;老板不喜欢我,一定是他不懂得欣赏我;销售任务没有完成,一定是客户太挑剔……

小王所在的公司主要为企业提供电子商务平台。最近小王有些烦恼，因为他提交了三份网站建设框架方案，客户都不满意。他向经理汇报了这一情况，并准备放弃这个客户。

经理听完小王的介绍，就让他把方案拿过来，看看是不是哪些地方还不完善。结果经理一看，三份方案大同小异，只是改了几处栏目的名称。

经理问小王，是否与客户进行了深入交流。小王说因为要与其他客户谈业务，所以没有时间交流。经理又问小王，是否对客户的需求进行过调研。小王说宣传型网站基本上都是这个框架，所以没有调研。说完小王还嘟囔道："客户也太挑剔了。就那么点钱，还要这要那的，差不多就可以了，可他偏不干。我以前真没碰到过这么难缠的客户。"

经理一下子就火了，对小王说："你这是对工作负责的态度吗？没有经过调研，没有和客户交流就提交方案，让你改方案你就敷衍了事，如果我是客户，我也不接受！"

在工作过程中，由于经验、能力、环境等因素犯错误是常见的，与其为自己的失职找寻借口，倒不如坦率地承认自己的失职，分析错误产生的原因，并努力弥补因失职给公司带来的损失。这样做，不仅可以获得别人的谅解和帮助，缓解自身压力，也能把损失降到最低。

　　一个名叫弗兰克的人用多年的积蓄开办了一家小银行。一次，他的银行遭到抢劫，他就此破产，他的储户也失去了存款。而当他带领妻子和四个儿女打算从头开始，决定偿还那笔天文数字般的存款的时候，人们劝他："你为什么要这么做呢？这件事你是没有责任的。"可是他却回答："是的，在法律上我也许没有责任，但在道义上我有责任，应该还钱。"

　　偿还存款的代价是39年的艰辛生活，在还清最后一笔债务时，他说："现在我终于无债一身轻了！"他用自己一生的心血与汗水去履行他心中的责任，也赢得了世人崇敬与褒奖的目光。

　　职场人士应多向弗兰克这样的人学习，勇于承担自己的责任，这样才能不断地完善自我，才能获得更加全面的发展，才能取得他人的信任。

公司兴亡，"我"的责任

责任寄语

"企业兴衰从我做起的责任，企业兴衰就是我的责任。"员工作为责任链条上的一环，即使其工作再微不足道，一旦出现问题，也会影响企业的正常运转。

责任"从我做起"

在培训员工时，我经常听到这样的话："公司好不好，那是老总的事，是管理人员的事，跟我这个打工的有什么关系？"

中国有一句古话"天下兴亡，匹夫有责"。如果缩小到一个企业，那就是"企业兴衰，我的责任"。

企业效益不好是谁的责任？就是"我"的责任；执行力不强是谁的责任？就是"我"的责任；业绩搞不好是谁的责任？就是"我"的责任；服务不好是谁的责任？就是"我"的责任；细节做不到位是谁的责任？就是"我"的责任。如果企业员工都能从"我"做起，担当起相应的责任，那么企业就没有不兴旺的道理。

在台湾地区有这么一所学校,其毕业生经常被各个企业哄抢一空,它就是忠信高级工商学校(以下简称"忠信")。

忠信之所以能享誉30年,在于它坚持"德育为本",而培养学生的责任感更是重中之重。所以在忠信,每个学生都将"学校兴亡,我的责任"视为自己的座右铭,并在日常生活学习中努力实践。

如果教室很脏,当老师一问"怎么回事?"立马有学生站起来说"老师,对不起,这是我的责任",然后马上去打扫;灯泡坏了,只要有学生看见,他就会马上掏钱买一个安上;窗户玻璃坏了,学生会马上买一块换上……

在忠信,学生学会了不把责任推出去,而是主动揽过来。他们知道,"吃亏就是占便宜",只有从身边的责任做起,从眼前的责任做起,进入社会后才能承担起更大的责任。

企业发展靠的是所有员工的团结协作,勇于承担责任。反过来说,员工只有与组织风雨同舟、荣辱与共,意识到责任从"我"做起,才可能取得个人事业的成功。

凯莉刚入公司时,只是一名前台。虽然在同事们眼里,前台身份"低微",是公司最不起眼的角色,但凯莉却认为公司兴亡有自己的一份责任,所以在工作时处处以维护公司的利益为己任。

比如，她刚一上任，就撕去前任前台贴在工位上的公司员工电话联系表，又花了一个晚上的时间将所有公司员工的电话号码背了下来。虽然有"好心"的同事提醒她不用做这种"傻事"，但她却认为，等客户询问时再翻找电话号码，是怠慢客户的表现。

随后，凯莉又换掉设计过于呆板、简单的人员来访登记簿，取而代之的是她自己设计的印有公司简介的登记卡，这样，每位来访客人都能在第一时间了解公司的发展概况。

没想到，凯莉的这一用心很快就有了回报。一位客户在填完来访信息后，饶有兴趣地盯着公司简介看。凯莉很快发现了客户的这一举动，随即大方地请求客户能给自己几分钟的时间让她详细介绍一下公司这几年的发展概况、销售业绩。

后来，客户向前来接待自己的市场部经理夸赞道："连贵公司的前台都对公司业务如此了解，真是很了不起，我对此次合作很有信心！"

事后，市场部经理问凯莉是如何把销售数据记得一清二楚的，凯莉回答说："我每次都会把公司的会议记录分部门进行详细整理。"经理不由得对她刮目相看。

渐渐地，公司上下无不对凯莉赞赏有加，不久，她就被破格提拔为行政部经理。

责任从"我"做起,不能只停留在嘴边,还要体现在行动上。一个负责任的员工,首先要爱岗敬业,做到"在其位,谋其政,做其事,尽其责",不因事难而推脱,不因事小而不为。其次,对自己高标准、严要求,努力钻研业务知识,成为岗位技术专家,努力不让差错出现在自己这个环节,不让企业利益在自己手里受损。最后,一旦出现失误,不开脱、不搪塞,不找理由把责任推给他人。

"我"是责任链条上不可或缺的一环

责任好比一根链条,在企业中处于不同职位的人就好比是这根链条上的一个个环节。责任链条上的任何一个环节出现状况,都会影响企业的发展,甚至带来巨大的灾难。

林小姐所在的×酒店是瑞士首屈一指的星级酒店。一天早上,作为前台,她像往常一样按时上班。她先将几份订单整理好放到档案柜里,又回复了两份传真,还接了两通电话,前后花了不到10分钟。这时她想:今天的电话比平常少了很多,何不去餐厅吃个早餐,反正也花不了多少时间。

20分钟后,林小姐返回工作岗位,一切看起来都很正常,周围还是那么沉寂,但是她不知道,就在她吃早饭的那段时间，一笔价值70万美元的生意与酒店失之交臂。

原来一家跨国公司打算在两个月后召开一次为期15天的会议，地点定在了瑞士一家并不太出名的酒店。×酒店的高管对此百思不得其解：无论是口碑、设施还是服务，自己在瑞士都是首屈一指，怎么会落选呢？高层想方设法打探原因，结果得知，这家跨国公司本来是将×酒店作为第一选项的，结果打了两次前台的电话，都没有人接听，于是在第一轮就将×酒店淘汰出局。

知道事情原委后，林小姐流下了悔恨的眼泪。×酒店为了严明制度，对林小姐做出了辞退处理。

作为企业责任链条的一环，每一个员工都应认识到自己工作的重要性，并在工作中承担起自己的责任。当企业在你的努力下发展壮大时，你不仅能得到精神上的满足，待遇也会提高。我经常听到很多人说："蔡老师，我的工资太低了，我怎么做才能够提高待遇？"我就对他们说："收入不是等来的，不是靠来的，也不是抱怨出来的，而是在担当责任的过程中得来的。"假如你在工作中担当起了自己的职责，让同事更舒心，让客户更满意，让企业发展得更快，提高待遇自然会水到渠成。

第三章
勇于负责,不找借口找方法

接受责任的能力是衡量人的标准。

——洛克

责任面前不找借口

责任寄语

不找任何借口,勇敢承担责任,不仅无损于你的形象,反而会让你因勇敢、负责的优秀品质获得他人的认同。

三只老鼠因为饿得慌打算偷吃主人家中的油。由于油瓶放得太高,三只老鼠必须通过叠罗汉的方式才能够到油瓶。就当他们叠好罗汉准备偷油的时候,最上面的老鼠突然晃了一下,把油瓶打翻了。响声惊动了房子的主人,三只老鼠只好仓皇逃回自己的老巢。

三只老鼠随后开了一个会检讨失败的原因。最上面的老鼠说:"我眼看就要成功了,谁知下面的老鼠晃了一下,我一慌张就把油瓶打翻了。"中间的老鼠说:"不是我的错,我当时感到下面的老鼠晃了一下,我也就不由自主地晃了一下。"最下面的老鼠说:"我也不是故意的。我听到猫叫,心里一惊,不由得晃动了一下。要怪也只能怪那只猫!"

在职场上,很多人在面对失败时,往往也会如案例中的三只老鼠那样,不是认真分析失败的原因,找出解决问题的方法,而是忙于寻找借口,将自己身上的责任推脱得一干二净。

其实,这么做完全没有必要。领导都是明眼人,你是否应当承担责任,以及需要承担多少责任,他内心自有公论。推脱责任,不仅不会让你置身事外,反而会让领导看出你不仅缺乏能力,而且缺乏承担责任的勇气,结果只会得不偿失。

要想做到"责任面前不找借口",首先要管住自己的嘴,不说不负责任的话。因为语言是思想的反应,而行动又受思想的支配。在这方面美国的西点军校做到了极致。

在西点军校,每个学员都必须把"没有任何借口"作为自己的行为准则。不管什么时候遇到学长或军官问话,学员只能有四种回答:"报告长官,是。""报告长官,不是。""报告长官,没有任何借口。""报告长官,我不知道。"除此之外,不能多说一个字。

其次,要在行动上做到"责任面前不找借口"。我相信很多朋友都很熟悉《把信送给加西亚》这本书。我也经常在培训课上把这本书里的故事讲给员工朋友听。

当西班牙和美国的战争即将爆发之时，最重要的就是让起义军首领得知古巴的情况。当时，加西亚将军隐蔽在一个无人知晓的偏僻山林中，无法收到任何邮件和电报。而美国总统威廉·麦金莱必须尽快与他进行合作，情势紧急！

该怎么办？这时，有人报告总统："有一个名叫罗文的人能帮您把信送给加西亚。"

罗文接到信后，问都没问一声"他在哪儿"，便出发了。

罗文把信用油布袋密封好，捆在胸前，然后乘敞篷船航行四天后趁着夜幕降临在古巴海岸登陆，消失在丛林中，三周后来到古巴的另一端，接着步行穿过西班牙军队控制的领土，最终将信交给加西亚。

罗文的这种不找任何借口的精神是员工最应当学习的。在企业需要员工担当起艰巨的任务时，员工应当挺身而出，要有"有条件要上，没有条件，创造条件也要上的"负责任精神。在工作出现失误时，要勇敢承认错误，不要以"我以为这样做是对的""我以为可以做好"之类的话推卸责任。不找任何借口，勇敢承担责任，不仅无损于你的形象，反而会让你因勇敢、负责的优秀品质获得他人的认同。

没有做不成的事，只有不负责任的人

责任寄语

世上没有做不成的事，只有做不好的人。做不到、做不好都是借口，是潜意识里不想负责任的表现。

许多人在做不好、完不成工作时总能找到一个又一个的理由。"老板没有指示我，我也不知道应该怎么办""这件事情就是解决不了，只能这样了""这个市场很特殊，业绩能做成这样已经很不错了""老板只给了这么一点费用，我们做不好是正常的"……

如果工作不以解决问题为导向，而是满足于"我尽力了"，只会给上司留下不负责任的坏印象。

小丽应聘到一家公司做电话接待员。刚进公司时，上司对她说，她的工作主要是给来电咨询的人介绍公司的基本情况和主要产品，并建议他们与公司销售部门联系，至于这些潜在客户是否能成为真正的客户，并不与她的绩效直接挂钩。小丽于是暗自庆幸自己有了一份稳定而又轻松的工作。

在接下来的日子里，小丽严格按照上司的"交代"做事,与客户沟通时,就像背课文一样把公司及产品的概况、销售部门的电话号码讲完后就挂断电话,绝不多说一句话。

一个月过去了,就当小丽暗暗觉得自己能够十拿九稳地通过试用期时,上司却非常严肃地警告小丽:"客户反映你接电话时态度冷淡,对业务知识不熟悉,工作态度不认真。如果再这样下去,不用等试用期结束,你就可以走人了!"

小丽觉得十分委屈,反驳道:"我严格按照公司规定的礼貌用语与客户谈话,产品介绍我也背得很熟,怎么能说我工作不认真?"

上司说:"你与客户交谈时,虽然使用了公司规定的礼貌用语,但语气一点儿也不亲切;虽然你背熟了产品介绍,但并不理解它,只要客户一提问,你就说具体情况不清楚,把他们推给销售部门。你应当明白,虽然是否能留住客户不与你的绩效直接挂钩,但作为公司的一员,就要努力帮助公司解决问题,为公司的效益负责!"

如案例中的小丽那样机械地理解、履行工作职责固然不对,但这种错误往往是因为认知上有局限才导致的。这个问题解决起来并不困难,通常只要员工的思想意识提高了,工作态度就会有很大提高。最让上司头疼的员工,是那种明知自己应该干什么,却因为畏难情绪或侥幸心理而不主动解决问题的人。

这类员工一定要明白一个道理：问题是躲不过去的，如果不加以解决，就会越积越多，成为你前进路上的绊脚石。所以，在面对困难时，要问一问自己：有没有付出不亚于任何人的努力？有些事情要完成肯定是有难度的，所谓"事非经过不知难"。但是，同样的事情，为什么别人做到了，而你却没有做到？可见，世上没有做不成的事，只有做不好的人。

2007年全国道德模范、四川省木里县马班乡邮递员王顺友的事迹感动了无数人。1984年，年仅19岁王顺友从当乡村邮递员的老父亲手里接过了马缰绳，子承父业，成为一名普通乡村邮递员。四川木里县地处青藏高原东南缘，这里高山绵延起伏，全县海拔在5000米以上的大山有20多座，平均海拔3100米，生活和工作条件十分艰苦。王顺友负责的邮路从木里县城经白碉乡、三桷桠乡和倮波乡至卡拉乡，往返里程584公里。为此，他每月有28天要徒步跋涉在苍茫大山中的邮路上，要穿过冰雪覆盖的大山，野兽出没的原始森林，就这样一走就是20多年。每年他要投递报纸8400多份、杂志330多份、函件840多份、包裹600多件，投递准确率达100%。当别人对他的事迹表示不可思议时，他只是淡淡地说："搞好本职工作是我的责任，再大的苦也要忍。"

王顺友用自己的职业经历证明，这世上没有做不成的事，做不到、做不好都是借口，是潜意识里不想负责任的表现。要使自己成为一名合格乃至优秀的职场人士，就应该放弃一切借口，努力想办法解决问题。

一切借口止于"我"，对结果负责

责任寄语

请用结果衡量自己的工作。即使工作态度再好，没有结果，就是在做无用功，这样的工作一文不值！

不找借口，拒做"太极高手"

通用电气前CEO杰克·韦尔奇说过一句话："在工作中，每一个人都应该发挥自己最大的潜能，努力工作，而不是耗费时间去寻找借口。"但在工作生活中，将不负责任的话挂在嘴边，将责任推来推去的人却数不胜数，我称这种人为"太极高手"。

以前有一个老总给我讲过这样一个故事：

如果两个人在交接一根针时不小心将针掉到了地上，不同国家的人会有不同的处理方法。

德国人会在地上画好格子，并给每个格子编上号，再按照编号一个格子一个格子地找。

法国人非常浪漫，他们喝着香槟，吹着口哨，只等灵感一来，再愉快地找。

美国人性格开放，不拘一格，他们找来扫把扫地，再在扫拢的一小堆物品中找。

日本人讲求合作，两个人你从这边找，我从那边找。

中国人则不同，首先不是考虑如何去找针，而是想法推卸责任。交针的人说："我交给了你，你为什么没拿好？"接针的人说："我还没拿好你为什么就松手了？"两人相互埋怨、争吵不休。

我有一个朋友买了一套房子，隔了两年才去装修，结果发现房子有些问题：房门外的走廊本来就很窄，墙上又装上了一个消防箱，就显得更窄了。

朋友去找物业，结果物业以"我们只负责服务业主，这是开发商的事"为由打发了他。他几经努力找到了开发商，结果开发商说："你得找设计院，图纸是设计师画的，我们只管照着图纸建房子。"

朋友又找到设计该小区的设计师，没想到设计师说："有意见应该在设计图纸的时候就说，现在再说还有什么用？"

朋友顿时傻眼:"你设计图纸的时候,我还没买房子呢!"

面对坏结果,不要着急推脱责任,而要勇敢地说出"这是我的错",才能迈向成功。

美国著名社会活动家沃尔特·米勒在了解了诸多成功人士以后发现,决定他们成功的最重要因素不是智商、领导力、沟通技巧、组织能力、控制能力等,而是责任——一种努力行动、使事情的结果变得更积极的心理。

当年营救美国驻伊朗大使馆人质的行动失败后,当时的美国总统吉米·卡特立刻在电视上郑重声明:一切责任在我。就是因为这句话,其支持率骤然上升了10%!可见,遇到责任能够勇于担当,你在工作中一定会赢得其他同事的尊重、帮助与支持,你的工作绩效一定会更加出色。

工作只以结果论成败

在工作中,许多员工对责任的理解就是做事,但做不做得成,仿佛跟自己没有关系。所以,他们工作往往遵循"三事"原则:完成差事,领导交代的都办了;例行公事,该走的程序都走了;应付了事,差不多就行。

在某企业的年度总结会上,由于业绩不佳,老板要求每个部门都说明一下原因。销售部的经理说:"销售任务没有完成的原因在于我们的产品更新太慢,跟不上市场的需求。"这时新品开发部的经理就起来发言:"新产品少,是因为新产品的开发费用不到位。"财务部的经理听到这里站起来大倒苦水:"我们也没有办法,公司的现金流一直很紧张。"而采购部经理说:"这不能怨我们,铜的价格涨得很快,我们也没有办法。听说是因为俄罗斯的一个大矿发生了爆炸,才导致原材料价格涨得这么快。"

当各位经理发言完毕后,老板总结道:"各位经理,看来我们公司今年的任务没有完成,大家都没有责任,责任都在发生爆炸的那个矿山?那我应该去跟中国驻俄大使馆抗议一下,请求他们质问为什么那座矿山会发生爆炸!"

这个案例中的各部门负责人忙于推卸责任,结果问题的根源被归于"矿山爆炸",不禁让人哑然失笑。故事虽然有些夸张,但道理却讲得很清楚:一个只强调过程,不敢为结果负责的人,不可能取得成功。

有些人一听到"以结果论成败",就为自己叫屈:"我没有功劳也有苦劳啊。""我已经尽力了,可是对手太强大了,完不成任务我也没办法。"这些话乍一听很有道理,但实际上没有达到预期结果的劳动是不值钱的。从这个意义上说,即使目标再清晰、计划再完美、工作再努力,没有获得上司期望的结果,就是没有尽到责任。所以，请职场人士用结果衡量自己的工作，以结果论成败。

张铭是一个刚刚进入婚礼策划行业的新人，她对这一行充满热爱，期望自己经手的每一场婚礼都是完美的，因此她把所有的精力都放在怎么制造浪漫、惊喜上，而忽略了沟通、落实，结果，她策划的第一场婚礼就出了大问题。

由于这是一场中式婚礼，一对新人事前要求在婚礼上使用马匹，并将此条要求写进了合同。签订合同后，张铭为了尽可能地在婚礼中将传统文化原汁原味地体现出来，花费了不少精力查阅资料，希望将每一个细节都尽可能考虑周到。但在举行婚礼的当天早上，负责租借马匹的同事却打来电话告知，预定的马匹由于生病无法租借，而当天又没有闲置的马匹可用，新郎骑马去娶新娘的环节只好被迫取消。新郎得知这一消息后，虽然很生气，但为了不影响婚礼的举行，也只得暂时作罢，但扬言第二天要去张铭公司讨说法。

公司老板在得知这件事后，狠狠地批评了张铭，并对她做了辞退处理。张铭为此感到委屈，觉得自己自始至终都非常努力，怎么也不应该有这样的下场。

对于老板来说，员工的经验、努力固然重要，但这并不是衡量员工能力的标准，而是看员工为企业创造了多少价值。如果没有产生价值，所谓有经验，只不过是机械地重复罢了，这样的员工是不可能获得老板的青睐的。

　　古罗马皇帝普布利乌斯·埃利乌斯·哈德良手下有一位常年跟随他作战的将军。有一次，这位将军觉得自己应该得到提升，便对哈德良说："我应该升到更重要的领导岗位，因为我的经验丰富，参加过10次重要战役。"

　　哈德良听后，随意指着拴在周围的驴子说："亲爱的将军，好好看看这些驴子，它们至少参加过20次战役，可它们仍然是驴子。"

　　在职场中，有不少人将资历与工作经验画等号，但老板只认功劳，不认苦劳，如果员工没有为企业创造应有的价值，即使资历再老，也只能在基层挣扎。所以，职场人士都必须牢记"没有苦劳，只有功劳"的生存法则，用结果衡量自己的工作。

第四章
尽职尽责，高效执行

> 责任，这是多么奇妙的字眼。在它面前，任何阿谀奉承都是多余的，任何威胁利诱都是可笑的。任何人，只要保存自己内心原本率真的天性，尽职尽责，人们都会由衷地对你表示尊敬。
>
> ——康德

高效执行就是给老板结果

责任寄语

高效执行是以结果为导向,积极主动地完成上级交代的任务,甚至超出上级的期望,将工作做到完美。

任何企业想要获得成功,都必须依靠高效的执行力来保证。那么,如何才能使员工拥有高效的执行力呢?关键在于员工必须具备强烈的责任心。缺失了责任心,制度再完美、流程再科学,员工也无法实现高效执行。

武汉的一家工厂从德国购买了一台柴油机。老板之所以花大价钱买下这台柴油机,最重要的原因是这种机器的噪音小。可是当工人们按照图纸将机器组装完毕时,却发现噪音很大。技术人员查了很多遍都没有找到原因，只好请德国的生产厂家派一个技术人员来做技术指导。

生产厂家的技术人员对照图纸检查了一遍柴油机，也没发现有什么问题，只好让工人将机器拆了重新组装一遍，可是问题依旧存在。当他再次仔细检查柴油机时，终于发现了问题所在——他从机器的一个不起眼的零件里掏出了少许铁屑！他很生气地说："这不是执行力的问题，也不是技术能力的问题，而是责任心的问题！"

因为员工缺失责任心，引进机器的厂家不得不为此付出代价——更多的金钱和时间，而这必然会增加成本。可见，如果员工无法高效执行，会极大地影响企业的工作效率。

员工之所以无法高效执行，一大原因在于对执行出现了认知偏差：执行就是上级交代什么就做什么。其实这不是执行，只能叫"做事"。

在一个寒冷的冬日，一个富翁坐在壁炉旁烤火，但由于与火离得太近，富翁渐渐感到热了起来。他想离火远一些，却发现帮自己挪椅子的佣人请假了，他只好忍耐着，直到热晕过去。

当医生赶到富翁家，质问其他佣人为何不帮助富翁挪一下椅子时，他们都委屈地反驳："这不是我的工作，再说主人也没有提出这个要求呀!"医生听了不由得感慨万千。

当然,在现实社会中,很多员工工作时兢兢业业、从不迟到早退,甚至为工作加班加点,但这仍算不得高效执行,只是工作态度良好罢了。高效执行是以结果为导向,积极主动地完成上级交代的任务,甚至超出上级的期望,将工作做到完美。

作为一个公众演说家,富斯特发现自己成功的最重要一点,是让顾客及时见到他本人和他的演讲材料。为此,他特意聘请了琳达专门负责材料的寄送,以保证材料能准时送达顾客手中。

有一次,富斯特要去多伦多演讲,在飞往多伦多之前,他给琳达打电话,询问材料是否已经送达多伦多。

琳达说:"别着急,我在6天前已经把东西送出去了。"

"他们收到了吗?"富斯特问。

"我是让联邦快递送的,他们保证两天后到达。"

当富斯特抵达多伦多后,却得知材料并没有如期送达!结果琳达被解雇了。

后来,富斯特又聘请了艾米担任秘书,一次演讲开始前,富斯特担心同样的问题再次上演,于是他接通了艾米的电话:"我的材料到了吗?"

"到了，艾丽西亚三天前就拿到了。"艾米说，"但我给她打电话时，她告诉我听众有可能会比原来预计的多400人。事实上，对具体会多出多少人她并没有可靠的数据，所以我怕400份不够，为保险起见就寄了600份。还有，她问我你是否需要在演讲开始前把资料发到听众手上。我告诉她通常是这样的。但这次是一个新的演讲，所以我也不能确定。于是她决定在演讲前发资料，除非你明确告诉她不这样做。我有她的电话，如果你还有别的要求，今天晚上可以找到她。"

很多人会为琳达的结局打抱不平：琳达获得了正确的信息（地址、日期、联系人、材料的数量和类型），亲自包装了盒子以保护材料，选择了可靠性更高的快递公司——联邦快递，还为可能发生的意外预留了时间。她做得已经够好了，只是因为不可控的因素就解雇她，是不公平的。

假如你是老板，琳达和艾米你会选哪一位？我想所有人都会毫不犹豫地选择后者——艾米不仅给老板提供了好结果，而且好到超出老板的预料。所以，员工在执行命令时要明白一点：执行就是有智慧地服从，在工作中要发挥主观能动性、创造性，给老板更好的结果。

拒绝逃避，执行不怕失败

责任寄语

"失败是成功之母。"逃避责任，便是在拒绝成功；不能面对失败，便无法迎接成功。当然，有了不怕失败的信念，还要找到避免失败的方法。

员工之所以会逃避责任，主观上是因为缺乏自信，觉得即使努力了，自己也可能因为这样或那样的原因失败。其实害怕失败大可不必，即使遭遇100次失败，第101次也有可能会成功。

有一位年轻人在路过微软上海分公司时突发奇想：自己是不是也能成为微软的一员呢？于是他决定进去应聘。

但微软并没有招聘计划，当人事经理奇怪地看着眼前的年轻人时，年轻人说："是这样，我很想成为微软的一员，希望您能给我一次面试机会。"人事经理从没见过这样的应聘者，于是同意破例一次。

面试完之后，人事经理感觉这是自己从业以来遇到过的最糟糕的应聘人员。因为年轻人不但学历不高，而且对软件编程基本上一无所知。最后年轻人说："对不起，我没有准备好。"于是人事经理随口说："那好，我给你两个星期的准备时间。"

本来这只是一句托词，但年轻人却抓住了这个机会。他回到家后，利用两个星期的时间日夜苦学，将软件编程的相关知识做了一个大体的了解。

两个星期后，年轻人又来了。这次虽然专业问题基本能应付过去，但编程能力太差了，根本不可能进入微软。面试结束时，年轻人说："您再给我一个月的时间，我肯定能达到您的要求。"

就这样，年轻人先后五次去微软面试，前后用去了三个月的时间。通过这五次面试，人事经理决定破格给年轻人最后一次面试机会。

在第六次面试时，人事经理问年轻人为什么失败了这么多次仍然要来。年轻人回答："我不会因为失败的次数而放弃成功。在我心中，只要我认准的事情，不管失败多少次，我都会继续努力下去。"人事经理回答："恭喜你，从今天起，你正式成为微软的一员了。"

"失败是成功之母。"逃避责任，便是在拒绝成功；不能面对失败，便无法迎接成功。

当然，有了不怕失败的信念，还要找到避免失败的方法。为了做到在职责面前不逃避，首先要客观了解自己的真实情况，比如，针对自己的性格、能力、意愿制成一张表格（见表 4-1），看看哪些改变起来很难，哪些只要稍微做出努力就可以改变。因为人只有更好地认识自己，才能够更好地改变自己。

表 4-1　全面了解自己

性格	优点	
	缺点	
能力	擅长做的事	
	不擅长做的事	
意愿	喜欢做的事	
	不喜欢做的事	

其次，从容易入手的事开始做起。面对自己喜欢做的事或擅长的事时，人们的做事欲望、信心总是最高的。所以，为了消除因畏难情绪而迟迟无法执行或执行不到位的情况，员工应先从自己喜欢或擅长的工作开始做起，在碰到困难时，多给自己鼓劲，能力不足时，及时向有经验的人求助。这样，你就会慢慢发现，是自己把困难想得太强大了，自己是有实力、有毅力做好事情的。

拒绝拖延，今日事今日毕

责任寄语

在企业里，几乎没有哪样工作是独立存在的。如果你拖延工作，就很有可能拖累整个团队的工作进度，引起上司与同事的不满。渐渐地，整个团队就不再需要你，而你也就失去了利用价值，等待你的，只能是失去工作。

在电影《杜拉拉升职记》中，销售总监王伟的一句话给我留下了非常深刻的印象。每当他开完会，分配好工作后，总是会对员工说"立刻、马上"。但在实际工作中，拖延症患者不是一般的多。上司布置好任务，问其何时能够完成任务时，其标志性的回答总是："我晚些时候会把这个文件发给您。"而实际上，他可能要到后天乃至大后天才会给出方案。

造成工作拖延的原因虽然千奇百怪，但总结起来无外乎以下两点：

第一，没有时间观念，工作总要等待"好心情"或"好时机"。

第二，不讲究工作方法，想起什么做什么，而且往往从最不重要的事情做起，越重要的工作越往后放。

为了解决拖延症，员工必须明白"时间就是金钱"的道理。通常讲到这一点时，我都会要求学员做个游戏：

我请出两位学员，并要求他们报出自己的手机号，以及每分钟的资费，然后要求其中一位学员用自己的手机拨打另外一位学员的手机。然后我让他们把自己的手机放在讲台上。这时我会说："'时间就是金钱'这句话你们都很熟悉，但很少有人对此有切身体会，所以我今天做这个互动。我想你们当中对此体会最深刻的，就是拨打电话的那个人，因为每一分、每一秒他的手机都在花钱。"

我做这个互动的目的，是想让学员做一下换位思考：对企业来说，时间就是金钱。不管是否有进项，企业每经营一天，就要付出运营费用。所以，员工在接到任务时必须快速反应，绝不拖延。

同时员工必须明白：拖延工作，不仅给上级留下极坏的印象，甚至会丢掉工作。

在企业里，几乎没有哪样工作是独立存在的。如果你拖延工作，就很有可能拖累整个团队的工作进度，引起上司与同事的不满。渐渐地，整个团队就不再需要你，而你也就失去了利用价值，等待你的，只能是失去工作。

要改正拖延习惯，员工首先要对自己解决问题的能力有信心，相信不管出现什么状况，自己都有能力把工作引导到上司要求的结果上去。要告诉自己，不要花太多时间用在想上，如果不知道怎么做，就赶快求助，苦恼、忧虑、徘徊只会把剩下的时间蚕食殆尽。

其次，要改进工作方法。上班时要做的第一件事，就是把今天要做的事情依次罗列出来，并按照"四象限"法则，即重要且紧急、紧急但不重要、重要但不紧急，以及既不重要也不紧急的标准将所列事项进行分类排序（见图 4-1）。随后需要做的就是一件件地完成，一件事完不成，绝不做下一件事；当天列出的事项没完成，绝不下班。

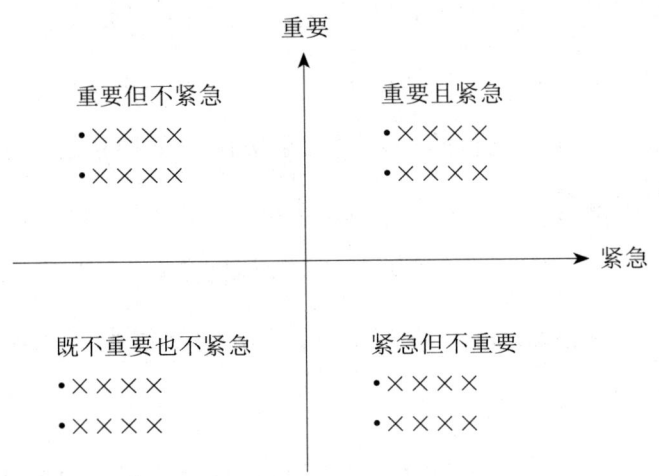

图 4-1　按照"四象限"法则安排做事顺序

第三，不做无用功。与工作无关的事情不做，比如聊天、上网、走神。永远不要想"先把上级派的事情放一下，等干完 ×× 再说"，在 90% 的情况下，你会忘记或者来不及做，因为你能"搞定"它的能力比你想象的要弱得多。

第五章
善职善责，主动把工作做到完美

> 一个人若是没有热情，他将一事无成，而热情的基点正是责任心。
>
> ——托尔斯泰

主动做事，不做"按钮员工"

责任寄语

既然应付也得干，不如好好干；被动不如主动，做事要学会举一反三，动脑筋想方案，不要做"按钮员工"。

通常情况下，员工做事有以下三种工作方式：第一种是等着做，领导没安排就没事做；第二种是问着做，这种人一没事做就会心里不踏实，会主动问领导"最近有什么工作可以安排给我做"；第三种会主动找事情做，哪怕领导没有为他分配具体的任务，他也会根据自己的岗位职责找事做，而且会边做边向上级汇报工作进度。

这三种工作方式哪种最受老板欢迎？显然是最后一种。在职场，绝大多数人处于前两种状态，能做到第三种的员工可谓凤毛麟角，但这种员工更容易获得提升。

有两个年轻人，一个叫张三，一个叫李四，两个人同时进入一家公司，但是一年以后，张三升职加薪，而李四还是老样子。对此李四心里很不平衡，就找总经理理论。总经理听完他的抱怨，只是平静地对他说："你到楼下看看有没有土豆卖。"李四听完赶快跑了下去，两分钟后跑上来说："报告总经理，楼下有土豆卖。"总经理问他多少钱一斤，他说忘记问了，就又跑了出去。两分钟后他跑上来说土豆1.5元一斤。总经理又问："除了他之外还有没有其他人卖土豆呢？"他说："还要问这个啊。等一下我再去看看。"又跑了出去，两分钟后他又上来说："报告总经理，还有一个人卖土豆，那个人的土豆是1.6元一斤。"总经理又问他："除了土豆之外还有没有水果卖呢？"他说"等一下我再去看看"，这时总经理说不用了，并打了一个电话把张三叫了过来。

当张三进来之后，总经理说："张三，你到楼下看看有没有土豆卖。"张三出去5分钟后才上来，他说："报告总经理，楼下有两个人在卖土豆，其中一个人的土豆卖1.5元一斤，另外一个人的土豆卖1.6元一斤，同时我早就发现库房里的西红柿没有了，正好我在楼下看见一个农夫在卖西红柿，而且他的西红柿又红又大，价格又便宜。我已经让那个农夫带了几个样品，就在门外等着，你看要不要让他把样品拿进来看看？"这时总经理说话了："李四，看到没有，这就是差距。"

在职场上，像张三李四这样的故事总是在轮番上演。有些人工作时就像青蛙一样，你戳他一下，他就往前跳一下，你不下指示，他就不知道自己该干吗。这种人就是"按钮员工"。

"按钮员工"没有主动做事的意识和动力。也就是说，他们不是不能做，而是不愿意做。之所以会出现这种情况，我认为有两大原因：第一，安于现状，缺乏打破"舒适区"的勇气；第二，对目前的职位、收入不满，不愿意"得不偿失"。

走出心理舒适区，挑战自己

安稳的工作环境很容易让人安于待在心理舒适区。一旦习惯了安逸，在行为上，就会滋生出惰性，只想重复自己熟悉的工作，不愿意接受陌生的、复杂的新工作；在思想上，就会生出"我不必那么努力工作"的想法。当人们习惯了没有压力、没有责任的生活，就会滑入堕落的深渊。等到醒悟过来想要重新振作，恐怕为时已晚。

从前，一群洁白的鸟儿飞过一片原野，忽然发现原野上撒满了它们爱吃的稻谷。鸟儿们非常开心，纷纷飞落到原野上，开始了它们的美味大餐。在吃的过程中，有的鸟儿提议：等这些谷子吃完，我们继续飞翔吧，也许前面还会有撒满稻谷的原野。然而，有几只鸟儿却认为最好在原地等着，也许还会有稻谷出现。两方争执不下，鸟儿们只好分道扬镳。愿意去寻找稻谷的鸟儿飞走了，想要等候的鸟儿留下了。然而，稻谷最终没有再出现，留下的鸟儿越来越饿，它们已经失去了飞翔的力气。

恰好有一只家鸡路过，于是它将这几只饿肚子的鸟儿带到了农夫的家里，农夫给了这些鸟儿吃的，但鸟儿们付出的代价是被圈养起来。开始的时候，鸟儿们很想念蓝天白云，后悔没有跟着伙伴们一起飞翔。但渐渐地，它们觉得这样也挺好，虽然没有自由，但有吃有喝，于是又感到了满足。渐渐地，它们的身材发福了。

有一天，农夫将它们放了出来，却将屠刀举向它们。这些鸟儿忽然想到，自己有翅膀，可以飞翔啊。可任凭它们如何扇动双翅，却始终飞不起来，原来长久未用的翅膀已经退化了，失去了飞翔的能力。最终，它们倒在了农夫的屠刀下。

同一种鸟儿，因为不同的选择，有了不同的命运：飞走的那些被称作天鹅，而留下的那些成了普通的家鹅。

在工作中，如果安于现状，不想承担更大的责任，就会变成任人宰割的"家鹅",处处被动、随波逐流。打破现状,虽然要面临新的不安和挫折,但却意味着希望。

莹莹的家境很好,不必像其他刚毕业的年轻人那样为了攒钱买房而拼命工作,所以在她看来,工作只是为了打发时间。在这种心态的驱使下,莹莹对工作总是打不起精神,别说主动争取做复杂的工作,就是简单的工作她也是能推就推。结果两年过去了,和莹莹一起进入公司的员工大都能在工作中独当一面,甚至有的人已经成为部门的骨干,但莹莹依然一天天地混日子,已经被公司列为"垃圾员工",面临被裁员的危险。

幸好莹莹的人缘不错,总有同事劝她端正工作心态,不要得过且过。在同事的不断提醒与督促下,莹莹逐渐认识到自己的问题,努力改正工作态度。尽管她一开始很不习惯,甚至一度想辞掉工作,但一想到同事们真诚的帮助,还是咬牙坚持了下来。现在,莹莹已经成了部门的重点培养对象。

很多人将安于现状美其名曰为"知足常乐",觉得自己既不想升职,也不想挣大钱,所以不必拼命工作。前文说过,责任能提高能力。如果你不主动承担更多的工作、更大的职责,能力就不可能获得提高,那么,你就很容易被其他人取代。

不为眼前利益所诱惑

有的员工之所以不愿意主动做事,是觉得现在的职位不值得自己付出更多。面对这样的员工,领导首先要找他谈心,让其明白如果他不主动奔跑,只会被企业淘汰。其次,企业也要考虑到员工的合理诉求,为员工疏通晋升渠道。比如,提供学习平台,帮助员工提升综合素质。再比如,完善企业的晋升机制,建立"同岗不同级"的人才上升通道,为员工进行职业生涯规划设计。

还有的员工因不满目前的收入而不愿意主动做事。有一次,一家企业的人力资源部经理跟我交流,他说:"蔡老师,我们公司的员工目前都很消极,什么都不愿意做。"我问为什么,他说:"员工觉得企业许下的一些承诺没有兑现,福利待遇也不是很好,有时候还要加班。大家觉得既苦又累都不愿意做。"

这种想法在员工中很普遍。我在做培训时经常告诫学员:"不要计较眼前的一点蝇头小利,眼光要放长远些。要想将来待遇更好,你就要忍得了现在的苦与累。否则,消极怠工只会让高收入、高待遇离你们越来越远。"

所谓"大河无水小河干,大河有水小河满",每一个员工与企业都是命运共同体。只有员工努力工作、主动做事,为企业的发展积极贡献自己的力量,企业才有可能获得长足的发展,效益才会提高,员工所期望的高收入、高福利才会实现。

自动自发，为自己工作

责任寄语

你怎么对待工作，工作就会怎么对待你。只有选择自动自发，在没人管的情况下也能出色地完成工作，才可能获得高回报、更好的发展前途。

如果问员工在工作中最应该感到高兴的一件事情是什么，员工给出的答案五花八门，但大多没有切中要害。在我看来，是企业的发展壮大。因为只有当企业发展壮大了，员工求生存、谋发展的平台才能变大。但问题是，在现实中让员工高兴的往往是没人管。

有一次我到一家企业做内训。由于该企业的老总没有参加这场内训，我就问员工工作时在什么情况下最放松，结果答案惊人的一致：老板出差的时候。理由很简单：老板在的时候有压力，如果工作不认真，就会被批评，甚至会被扣工资；老板一走，没有人管，做不做都没关系，今天明明应该完成的工作，可以等到第二天再做。这种见了领导就跟老鼠见了猫一样的心理其实很多人都有。我又问他们上班的时候什么事令人最高兴,答案是停电。理由是停电时既不用工作,又能照拿工资。

你怎么对待工作,工作就会怎么对待你。如果你选择应付工作,等待你的,只能是不停地找工作,不断地遭受他人的轻视;如果你需要领导多次催促,在有可能被扣工资的情况下才能完成工作,那么等待你的,只会是微薄的薪水、底层的职位。

只有选择自动自发,在没人管的情况下也能出色地完成工作,才可能获得高回报、更好的发展前途。在这方面,我个人的经历是有力的证明。

大学毕业时,我被分到一家工厂,和我一起分过去的有八个人。当时国家还包分配,而且我们是干部编制。在去工厂前,我就想既然我是干部编制,进了工厂就一定会当干部,估计和我一起去的人也是这么想的。哪知报到后我们得知要去一线当工人,而且因为是新人,我们需要从学徒做起。当其他人抱怨工作累、工作时间长时,我却觉得自己年轻,又刚参加工作,需要把所有的时间都用在学技术上,所以其他人一下班就溜掉,而我却老老实实地在车间加班。

就这样,当车间晚上加班赶任务时,我总是被叫去帮忙。当星期天团支部需要人写黑板报时，发现只有我一个人还在加班，就把写黑板报的活儿给了我。到了年底，工厂的团支部书记要换届，很多人便想起一个姓蔡的小伙子不错，工作勤勤恳恳、认真负责任，不仅经常加班，还经常到其他车间帮忙，帮团委办黑板报。于是，我被选为团支部书记，成为全厂最年轻的中层干部。

我当上团支部书记之后，不久又被调到技术部门。这时，工厂决定对一款从日本进口的产品进行技术攻关，希望能在国内生产。为此，工厂决定成立一个五人技术研发团队。由于我有学历、有技术，又是中层干部，自然而然就入选了。

通过两年多的实验，技术难题终于攻克，该项目获得了集团公司的科技进步一等奖。由于这项技术每年能为集团公司至少节约1亿元人民币，所以我们这个五人技术研发团队得到了一笔在当时看来还算丰厚的奖金——500元，我分到了100元。

这点奖金若放到现在，很多人可能会跳起脚来拍桌子，觉得回报跟付出太不成比例，但当时我心里没有一丝不平衡，因为我认为自己还年轻，学东西、长本事、开阔眼界才是最重要的。也许今天你对企业的付出没能使你得到金钱上的回报，但很可能会得到比金钱更重要的东西，也很可能企业在未来才会回报你。

有句俗话"不是不报,时候未到"。所以,当你气馁想放弃时,不妨想想这句话,再努力一把。当企业真正发展起来后,回报你的时候也就到了。

工作无关心情,理性对待工作

责任寄语

作为一个合格的职场人士,不管心情好坏,你都不应该将其带到工作中,而应该理性对待工作。

企业里往往存在这么一种人:看心情做事。今天心情好,就认真工作,也能很好地完成任务;今天心情差,做什么事情都没精神,也不想做好。而能影响这种人心情的事往往又数不胜数,比如,跟家人闹矛盾了,孩子考试不及格,被上司批评了,被扣奖金了……有了气就要发出来,不然会憋死,于是同事、客户纷纷遭殃。

某餐厅的主厨小王手艺非常好,而且有创意,但他的脾气犹如一匹野马，总是处于无法控制的状态。他高兴时工作热情很高，什么活都抢着干，对其他员工也十分和气；但若不小心惹他发火，他可以在30秒内将最难听的脏话都骂出来，翻脸比翻书还快，搞得大家都对他敬畏三分。

厨房的员工因受不了他的脾气，流动率极高；大堂经理也因为难以与他配合，换了一个又一个。有一次，他竟然因小事拿出刀子要与服务生打架，餐厅老板只好让他"走人"。

看心情办事绝非明智之举，是不负责任的表现。客户明明是满心欢喜地来办事情，因为你心情不好，处处给客户脸色看，说话也充满火药味，结果给吓跑了，公司会因此遭受极大的损失。所以，作为一个合格的职场人士，不管心情好坏，你都不应该将情绪带到工作中，而应该理性对待工作。

美国独立企业联盟的主席杰克·法里斯很小的时候就利用课余时间在他父亲的加油站工作。他的主要职责就是在加油过程中为车主清洗车子。虽然他工作得很认真，绝大多数车主也对他很满意，但有一个老太太却总是挑剔，每次都要指出很多她认为不干净的地方，并要求法里斯重新清洗一次。

终于有一天，当这个老太太再去让他清洗的时候，法里斯忍不住把毛巾一扔,说"我不干了,你自己去弄吧!"这一幕被他的父亲尽收眼底。他的父亲走过去对他说:"杰克,请你把毛巾捡起来,而且请你按照她的要求去把剩下的事情做完。"当法里斯按照父亲的要求做完工作时,父亲语重心长地对他说:"孩子,请你记住,这就是你的工作,不管顾客说什么或者是做什么,你都要做好你的工作,并且以应有的礼貌对待顾客。"

在职场中,一旦出现不良情绪,员工首先要做的不是将不良情绪发泄到他人身上,而是将其化解掉。

要想化解不良情绪,就要学会换个角度看问题,即在不利的事件中看到有利的一面,在消极的环境中看到积极的因素。也就是说,如果改变不了事情,就改变看待事情的态度。比如,看到同事升职、加薪,如果你因此愤愤不平、消极怠工,导致业绩大幅度下降,领导看你这副德行,心里肯定想:哎呀,幸亏没有提拔他,看来这个人真是不行!如果你能换个角度反思为什么被提拔的不是自己,并征求上司、同事的意见和建议,然后认真为自己制订一份改善计划,你的心情就会豁然开朗,工作就会更加积极主动,业绩也会水涨船高。这一切领导是会看在眼里的。他会打心眼里认为你是一个能担当大任的人才,只要有升职的机会,他第一个一定想到你。

如果不良情绪实在无法化解掉,可以考虑更加合理的发泄渠道，比如静坐、运动、听音乐、走进大自然等方式。

有句话说得好："日出东海落西山，愁也一天，喜也一天；遇事不钻牛角尖，人也舒坦，心也舒坦。"在职场中，保持心情快乐很重要，它是职场人士正常履行职责时非常重要的心理保障。

正确看待压力，将压力转化为动力

责任寄语

世界上不存在没有压力、不辛苦的工作。既然做出了选择，就得承担应尽的责任。

在职场中，有很多人在面对压力时，不是迎难而上，而是选择逃避。比如：绩效考核指标多、考核严，他就说"压力大，我不干了"；因为工作没做好被上司严肃批评了，只因上司语气重了一点，就撂挑子不干。

作为一名职场人士，你应该明白：既然从事这一职业，选择了这个岗位，就必须接受它的全部。工作不仅能带来益处和快乐，也会有屈辱、误解，甚至责骂，你不能仅仅享受工作带来的益处和快乐，却不愿面对甚至逃避工作中的辛苦与压力。要知道，世界上不存在没有压力、不辛苦的工作。既然做出了选择，就得承担应尽的责任。

相声大师侯宝林在"文革"期间由于受到冲击，被分配去扫厕所。但他毫无怨言，整日乐呵呵地将厕所打扫得干干净净，逢人还主动招呼，一点也不因扫厕所而感觉低人一等或不好意思。他的儿子侯耀文当时不理解，就问他原因，他的回答是"既然分配我扫厕所，那么这就是我的新工作，我就必须做，还要做得比别人都好"。

从参加工作开始，我已经工作了快20年了。我在国有企业工作过，在合资企业、民营企业做过管理，然后出来创业，现在我正在做培训、做管理咨询。我见过太多人因不能面对压力而辞职。以我的经验来看，没有人能在松松垮垮、懒懒散散的状态下成才；相反，只有企业制度健全、管理严格，才能很好地培养员工面对压力、解决问题的能力，使员工养成认真负责的作风和习惯。而这些能力和习惯是员工获得成功的最重要因素。

"严格是爱，纵容是害。"如果没有人批评，指出你犯的错误，你不可能成长，最终受害的还是自己。所以，当你需要承受压力时，首先要感谢在工作中对你严格要求的上司、在工作上苛求完美的同事，虽然他们的方式不那么令人喜爱，但有利于你形成良好的工作习惯，有利于你在职场中取得更好的发展。其次，在接到一项任务时，不要抱怨、郁闷，而要带着感恩和回报的心态，认真分析工作的要点、难点，寻找更加便捷、高效的工作方法，将工作中的感悟和思考、经验和教训随时随地记录下来，并定期进行整理、总结，这样就能做到心中有数，压力自然也就变成了动力。

视工作为事业

责任寄语

行动决定结果。如果眼睛只盯着钱，往往因格局太小、眼光太浅而无所得。把工作视为实现自身价值的机会，往往能够获得更多。

我问过很多人为什么要工作，大多数人告诉我是为了养家糊口，只有极少数人会说"是为了实现自我价值"。在我看来，前者把工作当职业，而后者把工作当事业。虽然只有一字之差，两者的思想境界及行为却相差十万八千里。

把工作当职业的人，认为自己在为主管做事，为老板做事，总之不是为自己做事，所以上班卡着点来，下班时间一到，即使手头工作还没做完，也绝不多待一秒；工作成果只要过得去，自己不被上司骂，不被扣奖金、工资就行，所以永远做不到百分之百。把工作当事业的人，明白凡事都是在为自己而做，所以做事情总是全力以赴，力求做到完美，即使需要加班加点地做事，也会乐此不疲。

行动决定结果。如果眼睛只盯着钱，往往因格局太小、眼光太浅而无所得。把工作视为实现自身价值的机会，往往能够获得更多。

> 两个人正在一起盖房子。有人问他们："你们在干什么？"
> 第一个人回答："我在盖房子。"
> 第二个人回答："我在建造一座人间最美的建筑。"
> 十年后，第一个人仍是一个泥瓦匠，而第二个人成了著名的建筑学家。

一位著名的企业家说过这样一段话：我的员工中最可悲也是最可怜的一种人，就是那些只想获得薪水，而其他一无所知的人。如果你在工作时想的只是薪水和奖金，想的只是怎样应对领导，那么，你所能做的只能是"砌砖头"的活儿，而且还不一定能做好。

作家拉尔夫·爱默生说："激情像糨糊一样，可让你在艰难困苦的场合里紧紧地把自己黏在这里,坚持到底。它是在别人说你'不行'时,能在内心发出'我行'的有力声音。"有了这种必胜的信心和激情,把每一项工作都当成事业去做,你就会比他人更容易取得成功。

用老板的思维想问题、做事情

责任寄语

把自己当老板,主动给自己加压,时间一长,你解决问题的能力会得到突飞猛进的提高。当你有一天具备了老板的实力,成功就一定能实现。

职场人士一定要把自己当老板,要有"我不负责谁负责"的意识。许多人一听到这样的论调,就反驳道:"我不是老板,怎么可能把自己当成老板?"是的,你或许不是老板,但我强调的是你工作时应该从老板的角度考虑问题。

我经常问学员一个问题:老板跟员工最大的区别是什么?大家给出的答案形形色色,也都很有道理,但在我看来,二者最大的区别有两点。

第一，老板把所有的事情都当作自己的事，而员工大多只是为了完成任务。所以一个有抱负的员工，就是要把所有的事情都当作自己的事情来做。当你在工作中遇到难题，想推卸责任时，不妨换个角度想一想：假如我是老板，我会怎么处理？假如我是老板，我会怎么选择？我相信你一定会得到不同的答案。

第二，解决问题的出发点不同，老板主动负起责任，而员工逃避、推卸责任。员工如果把自己看成打工者，遇到问题时首先想到的是转移问题、推卸责任。但老板作为企业的最高领导，无路可退，只能想尽办法解决问题，否则结果可能会很惨。

在培训中，我常会做这样一个互动：分别点出三名处于不同职位上的人——基层员工、中层干部、老板来回答问题。

我问基层员工："如果你在工作中遇到很难解决的问题，通常情况下你会怎么处理？"基层员工大多会说自己先想一想办法，如果解决不了，就向上级汇报，寻求支持。

我又问中层干部："假如他就是你的下级，当他把解决不了的问题反馈给你，你会怎么做？"中层干部通常会说："我会首先想一下在我的能力范围内能不能解决，如果不能解决，我就与其他部门商量一下，看看能不能大家一起解决。"我又问："假如还是不能解决又怎么办呢？"他说只好向老板汇报，请他解决。

我就问老板："假如问题中层干部也解决不了，最后反映到你这里来，你一看这个问题也很棘手，你又该怎么办呢？"老板的答案惊人的一致——没的推，硬着头皮解决。由于老板没的推，所以他就是不吃饭、不睡觉，也得找遍所有资源解决问题。这就是老板与员工的最大差异。

为什么很多企业老板最后都是"万金油"，什么问题都能搞定？就在于他们一直在解决最难解决的问题，这样一年、两年、五年、十年，他们的能力得到了极大提高，他们成了公司里最能解决问题的人。所以，把自己当老板，主动给自己加压，时间一长，你解决问题的能力会得到突飞猛进的提高。当你有一天具备了老板的实力，成功就一定能实现。

在某公司，一位刚入职不久的新员工拿着水杯去饮水机旁接水，结果发现饮水机里没水了，只好空着杯子走回来，拿起一瓶自己带的矿泉水开始喝起来。这一幕正好被总经理看见了。总经理走到新员工的座位边问他原因，他如实回答。总经理又问："那你为什么不看看周围是否有储备水桶？万一这个时候有客户来公司该怎么办？"一连串的问题问得这位新员工哑口无言。

过了一段时间，这个新员工又遇到了相同的问题——饮水机里没水了。他想到上次被总经理批评了一顿，就仔细看了看周围有没有备用的水桶，结果没有，只好空着杯子走回工位。恰巧这一幕又被总经理看见了。总经理问："你去接水了吗？"

"是啊。"

"为什么空着杯子？"

"因为没水了。"

"你看了周围还有备用的水桶吗？"

"看了，都是空桶。"

"你难道不可以问一下送水工的电话吗？给他打一个电话，让他送一些水过来。"

"这事平时都是行政部的小张在管，可今天小张休息。"

"难道你不可以给小张打个电话，问她送水工的电话号码？"

……

案例提到的是一件经常发生在工作场所的小事，但也很能说明问题。许多员工缺乏老板意识，没有"我不负责谁负责"的责任心，无法自动自发地工作、想尽办法为企业排忧解难。如果在工作中能常常做换位思考，想想"假如我是老板，我会怎么办"，我相信你就能得到更好的答案。

责任决定细节，细节决定成败

责任寄语

在工作上追求尽善尽美，把细节做到位，在平凡的岗位上做出不平凡的业绩，是每一个员工都应该追求的优良品质。

1%的错误=100%的失败

小学生都知道，100%-1%=99%，但在责任法则中，100%-1%=0，因为1%的错误往往会导致百分之百的失败！中国有句成语叫"千里之堤，溃于蚁穴"，讲的就是小错误导致大灾难的故事。

临近黄河岸畔有一片村庄，为了防止黄河水患，农民们筑起了一条长堤。一天，有个老农偶然发现蚂蚁窝一下子猛增了许多。老农心想这些蚂蚁窝究竟会不会影响长堤的安全呢？他正要回村告诉大伙，路上遇见了自己的儿子。老农的儿子听了不以为然地说："如此坚固的长堤，还害怕几只小小蚂蚁吗？"说完就拉老农一起下田。当天晚上风雨交加，黄河里的水猛涨起来，终于堤决人淹。

我们在新闻中经常看到的安全事故、交通事故，场面常常惨不忍睹，让人痛心疾首。如果你认真考察这些灾难背后的原因，就会发现大部分都是人祸——不负责任引起的。

2011年发生的"7·23"动车事故想必许多人仍然记忆犹新。调查结果显示，这是一起因列车控制中心设备存在严重设计缺陷、上道使用审查把关不严、雷击导致设备故障后应急处置不力等因素造成的责任事故。

2008年，湖南衡阳某大厦发生特大火灾，造成30余人死亡、60余人受伤，经济损失难以估量，对社会的负面影响更是难以用数字来衡量。事后经调查发现，导致这场特大火灾的直接原因是值班保安擅自离岗，致使民众未能及时疏散，最终酿成悲剧。间接原因是该大厦未能及时整改火灾隐患，消防安全措施没有得到落实。这两个方面无一不涉及员工的责任心问题。

工作当中无小事，也无小错。只要其中一个环节出现差错，其他方面做得再好，所有的努力都可能付诸东流。

责任的乘数效应会放大细节

在责任范畴里有个乘数效应：假设将1个人的工作绩效定为1，

总共有 100 个人,那么每个人的工作绩效提升 1% 或下降 1%,整个团队的绩效就会发生很大的变化。这一变化可以用一组算式形象地表现出来:

$$1^{100}=1$$

$$(1-1\%)^{100} \approx 0.366$$

$$(1+1\%)^{100} \approx 2.7$$

一个人的改变微不足道,但集合在一起相互作用,人数越多,效果越明显。企业是在许多人的共同作用下发展的,部门之间都是相互关联、环环相扣的,即使每一个员工在工作中提升哪怕一点点,团队的绩效也会成倍增加。反之,每个人只稍微少做一点点,积累起来,其后果也足以严重到危及生命!

在巴西海顺远洋运输公司的门前立着一块石碑,石碑上刻着一起轮船沉没事件的经过,时刻提醒着人们,责任重于泰山,哪怕做一点点不负责任的事,都有可能酿成大祸。

静静的海面上,一条极为先进的轮船正在渐渐沉没。这个时候,对死亡的恐惧、对亲人的思念在船员心中并不占主要位置,有一种刻骨铭心的悲痛压住了船员们的所有情感。在船长麦开姆的提议下,船员们把这巨大的悲痛写了下来。

水手理查德写道:3月21日,我在奥克兰港私自买了一个台灯,想在给妻子写信时照明用。

二副瑟曼写道：我看见理查德拿着台灯上船，说了句"这个台灯底座轻，注意船晃动时别让它歪倒"，但没有干涉。

三副帕蒂写道：3月21日下午船离港，我发现救生筏施放器有问题，就将救生筏绑在架子上。

水手戴维斯写道：离港检查时，我发现水手区的闭门器坏了，就用铁丝将门绑牢。

二管轮安特耳写道：我检查消防设施时，发现水手区的消防栓锈蚀，心想还有几天就靠码头了，到时候再换。

船长麦开姆写道：起航时，工作繁忙，没有看甲板部和轮机部的安全检查报告。

机械师丹尼尔写道：3月23日上午理查德和苏勒的房间消防探头连续报警。我和瓦尔特进去后，未发现火苗，判定探头误报警，就将其拆掉交给斯特曼，要求换新的。

大管轮斯特曼写道：我说正忙着，等一会儿拿给你们。

服务生斯科尼写道：3月23日13点到理查德房间找他，他不在，等了一会儿，随手开了他的台灯。

机电长科恩写道：3月23日14点我发现跳闸了，由于以前也出现过这种情况便没多想，直接将闸合上，没有去查原因。

三管轮马辛写道：感到空气不好，先打电话到厨房证明没有问题后，又让机舱打开通风阀。

管事泰斯写道：14点半，我召集所有不在岗位的人到厨房帮助做饭，晚上会餐。

单个地看船员们的话语，是那样的简单和平常，可若干个小错误连在一起，就酿成了一场悲剧。最后，船长麦开姆又写道：19点半发现火灾时，理查德和苏勒的房间已经烧穿，一切糟糕透了，我们没有办法控制火情，而且火越来越大，直到整条船上都是火。我们每个人都犯了一点错误，从而酿成了船毁人亡的大错。

写满检讨话语的纸条放在漂流瓶里，被随后赶来的救援船发现，但是，那艘轮船已经沉没，船员无一生还。

虽然每个人犯的错看起来都很微不足道，但责任的乘数效应带来的后果是可怕的。如果案例中的船员中有一个不那么麻痹大意，哪怕有一个环节引起足够的重视，那么惨剧都不会发生。可见，在工作上追求尽善尽美，把细节做到位，在平凡的岗位上做出不平凡的业绩，是每一个员工都应该追求的境界。

细节有赖于责任才能实现

汪中求所著的《细节决定成败》一书，想必很多人都看过。虽然明白细节的重要性，但能做到细节完美的人并不多。在我看来，问题还是出在责任心欠缺。

我曾给四川的一家企业做过一年的咨询。该企业主要从事玻璃酒瓶的生产加工。为了保证产量，用于酒瓶成型的模具车间实行"三班倒"。我进驻该企业不久，就发现该企业用于预热模具的天然气是从来不关的，就提议一班员工下班后关掉天然气，等下一班员工上班时再开。但从车间主任到技术员都认为行不通，因为下一班员工上班后需要花很长时间预热模具，耽误生产。当时我想他们说得有道理，就没有据理力争。

当我到车间做现场调研时，发现其生产具有很明显的季节性，于是我又提出在工作量不饱和的淡季，天然气是可以关闭的。该企业经过充分论证，认为我的建议是行得通的，就采纳了。就是这么一个小小的细节，一年就为该企业节约将近10万元！

俗话说"花钱如流水，挣钱如抽丝"，企业节约的每一分钱就是纯利润，但是为什么工厂这么多年来，从车间主任到技术人员，没有一个人想过通过减少天然气的使用量来控制成本呢？在我看来这与员工的责任意识淡漠有莫大的关系。

在企业运营的过程中，如果缺乏责任意识，许多小细节处理不好就会造成浪费，往小里说会导致企业的利润减少，往大里说甚至会因小失大，造成无法弥补的后果。

2003年2月1日，美国的"哥伦比亚"号航天飞机在返回地面时发生爆炸，飞机上的七名宇航员全部遇难。事后经过调查，发现引起这一灾难的真凶是航天飞机外部燃料箱表面的泡沫材料在安装过程中存在缺陷。但美国航空航天局（NASA）也承认，起飞时遭遇强风、发射前临时更换火箭助推器以及"年龄太大"，也都是不可忽略的原因。许多参与调查的专家都指出，正是因为美国航空航天局在"机体老化"问题上重视不够，以致最终酿成本次悲剧。可见，责任决定了细节，而细节决定成败！

"差不多"结果往往"差得多"

责任寄语

细节往往都是简单、烦琐的小事，而再难的事也是由一个个小细节组合而成的。对细节的关注往往能全面准确地体现一个人的真正素质和真实的工作能力。

"差不多就行了，何必那么认真。"这样的话在职场上经常能够听到。

有些员工之所以抱着"差不多"的态度做事，是因为很多工作没有非常明确的完成标准，或者领导过于宽容，即使完成得不够好，也不会遭到严厉的批评。久而久之，他们就会对自己的工作放低标准，认为做得差不多是可以的，只要原则上没有大问题就行。

这种想法其实是非常可怕的，因为"差不多"往往意味着"差得多"。比如3698572是个大数字，但如果在3后加个小数点，就会变成3.698572，结果就从三百多万变成了三点多，而造成这一变化的，仅仅是一个不起眼的小数点。

有人说这只是个数字游戏，当不得真，但在中国近代史上，的的确确出现过因为多了一笔而失败的事例，就是著名的"一字毁千军"的故事。

1935年5月初，蒋介石与冯玉祥、阎锡山在中原展开大战。冯玉祥和阎锡山为了更好地联合讨蒋，曾商定双方部队在河南北部的沁阳会师，以集中兵力歼灭驻守在河南的蒋军。但是不幸的是，在拟定作战命令时，冯玉祥的一名作战参谋把"沁阳"的"沁"多写了一笔，成了"泌阳"。碰巧河南南部就有个泌阳，不过这个地方与沁阳距离很远。冯玉祥的部队接到命令，匆匆赶往泌阳，结果贻误战机，错过了聚歼蒋军的有利时机，使蒋军获得了主动权。一字之差，最终导致冯、阎联军在中原战场的全面失败。

如果事事差不多，即使能力再强，也无法堪当大任。

刘宁是一名建筑设计师，为人聪明、肯动脑筋，工作能力没得说，绝对拿得出手。按他自己的话说，就如打排球，只要球到了他的范围，他绝对能接起来。而且他是压力越大，能量越大，图画得又快又好。然而，刘宁却也是公司里出了名的"差不多先生"，比如拷贝图的时候把注释一起拷过去却没有修改，名称标错了，或者楼层标错了……总之，没有哪次图纸不出点小问题。

最初，老板因为将其视为不可多得的天才而忍受了他的这一小毛病。但刘宁不仅没有半点收敛，反而因老板的另眼看待而沾沾自喜，越发肆无忌惮。一次，他竟然遗漏了一个非常重要的数字，导致客户遭受了极大的损失。老板因此怒不可遏，辞退了他。

工作中之所以有那么多"差不多先生"，是因为他们以为只有做出他人做不成的难事，才足以证明自己的与众不同、出类拔萃，而细节往往都是简单、烦琐的小事，所以他们不放在眼里。

其实，这是对成功的误读。再难的事也是由一个个细节组合而成的，而对细节的关注往往能全面准确地反映一个人的真正素质和真实的工作能力。如果连细节都做不好，何以完成更艰巨、复杂的任务？这同"一屋不扫，何以扫天下"的道理是一样的。

做一两件小事容易，做一两天的简单工作也不难，难的是天天以饱满的热情和旺盛的精力做着相似的小事情、重复着同样的简单工作。而能够做到这一点的，才算是负责任的人。

有一个记者在海尔集团总部考察时，发现有个清洁工在总部大厅里拿着毛巾一遍又一遍地擦着不锈钢栏杆。记者问她："你每天都这样做吗？"清洁工回答："是啊。"记者又问："这样做不烦吗？"清洁工带着一点点自豪，又有点害羞地说："不会啊，既然选择了这份工作，为什么会烦呢？"

在中国，一个清洁工把工作做得再好，收入肯定也高不到哪里去。许多人与清洁工相比，工作发展前景和收入都要好很多，为什么一个清洁工都能开心快乐地做好自己手头那份简单枯燥的工作，而很多人却做不到呢？就是因为他们缺乏责任意识，没有意识到"细节背后的伟大力量"。其实，只要在工作中负责，善于动脑，即使简单的工作，你也能从中获得乐趣，甚至获得不平凡的业绩。

洛克菲勒最初在石油公司工作时，一没学历，二没技术，被分配去检查石油罐盖有没有自动焊接好。这是整个公司最简单但也最枯燥的工序。洛克菲勒每天看着焊接剂自动滴下，沿着罐盖转一圈，再看着焊接好的罐盖被传送带移走。半个月后，洛克菲勒忍无可忍，他找到主管请求改换其他工种，但被拒绝了。没有办法，洛克菲勒只好重新回到焊接机旁。他想，既然换不到更好的工作，那就把这个不好的工作做好再说。

洛克菲勒开始认真观察罐盖的焊接质量，并仔细研究焊接剂的滴速与滴量。他发现，每焊接好一个罐盖，焊接剂要滴落39滴，而经过周密计算，实际只需38滴焊接剂就可以将罐盖完全焊接好。经过反复测试、实验，最后洛克菲勒终于研制出了"38滴型"焊接机，也就是说，用这种焊接机，每只罐盖能比原先节约一滴焊接剂。就是这一滴焊接剂，一年下来为公司节约出几百万美元的开支。

在世界上，有很多人像年轻的洛克菲勒一样从事着普通简单的工作，比如在生产线上拧螺丝钉的作业工，测试产品质量的质检员，端茶倒水的饭店服务员……但只要像洛克菲勒那样有责任心，在工作中处处留心、观察，就可以使工作更有效率，为企业创造更多的价值，从而最大限度地实现自身的价值。

责任就是把细节做到位

责任寄语

仅靠一时的热情是不可能将细节做到位的,也无法长久地执行下去,所以,必须掌握一套行之有效的方法。

所谓责任,就是把细节做到位,因为细节决定成败。既然意识决定行动,那么要想在行动上将细节做到位,就需要在思想深处认同细节的重要性。

出身名门的野田圣子,38岁就当上了日本内阁邮政大臣,但她的第一份工作是在帝国酒店当白领丽人。不过,在受训期间,圣子竟然被安排去清洁厕所,每天都要把马桶擦得光洁如新才算合格。可想而知,在这段日子里,圣子的感觉是多么的糟糕。当她第一天碰到马桶的一刹那,她几乎想吐。

很快地,圣子就开始讨厌起了这份工作,干起工作来马马虎虎。但有一天,一位与圣子一起工作的前辈,在擦完马桶后居然伸手盛了满满的一大杯冲厕水,然后当着她的面一饮而尽。在前辈的眼中，圣子的工作根本没有做到位，光洁如新只是工作的最低标准，她以此向圣子证明，经她清洁过的马桶，干净得连里面的水都可以用来饮用。

前辈这一出人意料的举动使圣子大吃一惊。她发现自己在工作态度方面出了问题，根本没有负起任何责任，于是，她对自己说："就算这一辈子都在洗厕所，也要当个最出色的洗厕人。"

训练结束的那一天，圣子在擦完马桶后，毅然盛了满满的一大杯冲厕水，并喝了下去。这次经历，让野田圣子知道了什么是工作的最高准则——将细节做到位。

仅靠热情是不可能将细节做到位的，也无法长久地执行下去，所以，员工还必须掌握一套行之有效的方法。

第一，在做事之前制订一张计划表，尽可能地将能想到的细节全部考虑进去，并给出多套实施方案，以防止做事过程中出现丢三落四现象。

第二，需要对掌控细节的能力进行训练。在这方面，西点军校就做得非常到位。

西点非常注重对新学员的细节训练，其中背诵新学员知识是一个行之有效且行之久远的办法。这套冗长固定的新学员知识甚至包括会议厅有多少盏灯、蓄水库有多大的蓄水量。此外，新学员还要轮流报告当天相关的讯息，包括当天的日期、值日官的姓名、重要的运动或电影、距离未来的某项重大活动还有多少天、距离毕业典礼还有多久。如果有任何错误，学长都会过来质问，学员就需要重新报告。

此外，西点学员每天都要检查自己的服装仪容，包括皮鞋、扣环擦亮，上衣正确扎进裤子或裙子……如果有一项没有做好，学员就需要重新回到宿舍整理，再回到班长房间接受审查，有的人甚至需要重复十几次才能最终通过。

第三，将精益求精的意识落实到行动上，在细节上下功夫。在这方面，已经过世的台塑集团前主席王永庆先生是最好的榜样。

王永庆小学毕业后，由于在家乡找不到工作，所以在15岁时，通过叔父的介绍，到嘉义米店当小工。但是他珍惜这份工作，除了兢兢业业、全力以赴外，还细心观察米店老板的经营诀窍，为日后创业做准备。这股浓厚的企图心，转变成一股学习的推动力，一年之后，王永庆通过父亲向亲戚借了200元做本钱，在嘉义开了一家小小的米店。

基于创业的毅力和决心，王永庆改变只在店里等客人的方式，主动出击，挨家挨户拜访，争取试用客户，并在米的质量与服务上下苦功夫。他不但把米堆里的砂石等杂物捡干净，才将米卖给客户，更主动将米送到客户家里。他会先将客户米缸中的旧米倒出，用抹布将米缸四周擦干净然后将新米倒进去，再把旧米放进去。这种处处站在使用者的角度思考问题的做法，在客户眼里就是一种服务的特色化和差异化，从而使客户倍感亲切。

王永庆的服务差异化还不限于此，当他把米倒进客户的米缸后，随即掏出一个小笔记本，记下这户人家的米缸容量，并向客户请教家中人口及一天的用米量，然后告诉客户："下一次您不用到我们店里来买米，我们会自动将米送过来，您看可行吗？"这样一来，不但客户省事，可确保永无断米之虞，米店也会永远有生意可做。客户高兴，王永庆更高兴，他的生意就在这种差别化的服务下愈做愈大，甚至在自主创业一年后，他就累积了一些资金，于是买了一些碾米设备，由米店扩大为碾米厂，改变了纯粹卖米的苦境。

第四，进行细节管理。海尔已成为全球著名的家电品牌，是众多企业争相学习、模仿的对象。但他们很快发现，即使照搬了海尔的制度、模式，自己也并没有像海尔那样取得成功。

在我看来，他们只学到了海尔的"形"，并没有领会到海尔的"质"。而在众多"质"中，对细节的不懈追求是非常关键的一点。海尔的高层流传着这样一句话：要想让时针走得准，必须控制好秒针的运行。这说明海尔是非常注重细节管理的。

1984年，张瑞敏接手海尔时，展现在他眼前的是一个亏损147万元的濒临倒闭的小厂。工厂里杂草丛生，窗玻璃没有一块是好的，甚至有员工随地大小便。张瑞敏没有说大话、拉大旗，而是从最不起眼的细节做起——打扫厂区卫生、禁止员工随地大小便。

1986年，海尔在决定与联邦德国利勃海尔工程有限公司"结亲"后，为生产四星级的"琴岛－利勃海尔"电冰箱，做的第一件事就是抓质量培训。因为张瑞敏发现，工厂生产的冰箱总是存在这样那样的小问题，不是螺丝钉没拧紧，就是冰箱门关不严，或是关严了不好打开……虽然这些小问题不影响使用，但张瑞敏通过"怒砸冰箱"这件事，提高了海尔人的质量意识。三年以后，海尔人捧回了中国冰箱行业的第一块国家质量金奖，从此开启了一路辉煌。

最后，完成工作后需进行反省，总结经验教训。因为在工作中即使再认真小心，也会因认识、能力上的局限，导致一些问题没有处理好。所以，事后总结经验教训，搞清楚哪些地方可以处理得更好，并将其形成固定的工作流程，是提高细节处理能力的非常重要的一环。

第六章
落实责任,凝聚团队

> 责任心就是关心别人,关心整个社会。有了责任心,生活就有了真正的含义和灵魂。这就是考验,是对文明的至诚。它表现在对整体,对个人的关怀。这就是爱,就是主动。
>
> ——穆尼尔·纳素夫

明确岗位职责,做到人人头上有责任

责任寄语

为了锁定责任,企业需要制定完善的岗位说明书,明确岗位职责、岗位流程、责任目标以及相应的监督机制,实现"人人头上有指标,件件工作有着落"。

锁定责任,制定岗位说明书

必须锁定每个人的责任,实现"人人头上有指标,件件工作有着落"。因为一个不小心,就会出现职责不清、分工不明的情况。

古时候,在甲、乙两个县的交界发生了一起命案。甲、乙两县的县官在接到报案后匆匆来到现场,只看了一眼就都掉头走掉。因为死人的头在甲县,而脚却在乙县。甲县官说:"这事不该我们县负责,你看他的脚在乙县,说明案发时他站在乙县。"而乙县的县官说:"这件事应该由甲县管,因为头倒在了甲县境内,而且致命伤在头上,说明人是死在了甲县境内。"

这样的故事在现实生活中每天都在上演。之所以会存在这种情况,是因为责任存在分散效应。打个比方,一个人落水了,如果岸上只有一个人,那这个人一般会毫不犹豫跳下去救人;可如果围观者众多,反而很可能没有人去救人。这就是分散效应在作怪:只有一个人时,救人责无旁贷,推无可推,否则他将遭受良心的谴责;可如果人员众多,大家往往你看我我看你,觉得自己不下去也自有人下去,结果落水的人很可能就在旁观者的推诿扯皮中死去。当然,旁观者也不会有很强烈的负罪感,因为不作为的又不是自己一个。

所以,要想改变"忙的忙死,闲的闲死"的情况,就需要明确岗位责任。

虽然道理大家都懂,但要真正做到泾渭分明、不重叠、不扯皮却并不容易。为此,企业需要制定完善的岗位说明书,明确岗位职责、岗位流程、责任目标以及相应的监督机制。

打个比方,在公司的公共区域如果堆放着一堆垃圾,发现这个问题的第一人往往是老板,原因就在于老板把所有的事情都看成自己的事情，而员工把所有的事情都只当是完成任务，所以对于员工来说，最大的挑战就是把所有的事情都看成自己的事情。

假如公司规定，在办公区堆放垃圾，一旦发现，罚没行政主管一个月的奖金，请问会是谁最先发现垃圾？答案当然是行政主管。因此，要让员工有责任心，企业就得完善岗位说明书，让每个员工清楚地知道自己应该做什么、怎么做，出了问题谁负责、如何负责。如此，才能够做到事事有人管，人人都管事。

制定责任目标时，应当遵循SMART原则，即责任目标应当是双向的，内容具体、明确；责任是可检查的，有明确的监督人；责任目标不空洞，可实现；责任目标与岗位职责相关；责任目标有明确的达成时间（见图6-1）。

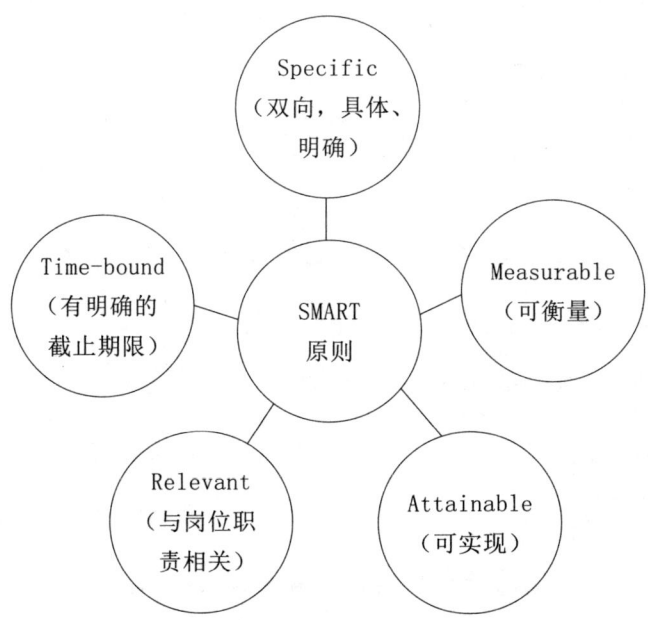

图6-1 制定责任目标的SMART原则

责任是双向的，应做到具体、明确

责任应当具体化、明确化。责任是双向的，提出任务的授权者应当给出具体、明确的指示，接受任务的人才有可能准确无误地完成任务。

一个经理对助理说："小王，你去给我买一点复印纸回来，办公室没有复印纸了。"小王听完马上跑到楼下买了一张 B5 的复印纸。经理一看勃然大怒："你怎么买了 B5 的复印纸，而且还只买一张？你不知道我要 A4 的吗？重新去买！"于是小王下楼买了 10 包 A4 的复印纸。经理一看，不禁说道："你怎么买了这么多复印纸，什么时候才能用得完？"小王不服气地反问道："不是你让我买 A4 的复印纸吗？你又没告诉我买多少，我就自作主张了！"

这个故事看起来有些夸张，但很能说明一些问题。首先，从经理的角度讲，他在安排这件事情时犯了一个错误，就是没有做到指示明确。假如他说"小王,你到楼下买一些 A4 的复印纸回来，记住只买一包"，我相信这件事情的结果会很不一样。所以授权者明确责任很重要。反过来，小王作为具体操作者，也需要明确授权者的意图，搞清楚授权者需要哪种型号的复印纸，用量多少。即使不好向授权者询问，小王也可以发挥主观能动性，向其他同事打听一下办公室通常使用什么样的复印纸，用量多少比较恰当。可见制定责任目标时需要做到双向的明确具体。

责任可检查、有明确的监督人

责任要可以被检查，可量化，有明确的监督者。在明确岗位职责上，一些优秀的企业已经做出了榜样。

青岛海尔电冰箱有限公司有一个五层楼的材料库，这栋楼一共有 2945 块玻璃，假如你走到这栋楼前仔细观察，你会发现每一块玻璃上都贴着一张小纸条，上面写着两个编码：第一个编码代表负责擦这块玻璃的人，而第二个编码是谁负责检查这块玻璃。海尔规定：假如这 2945 块玻璃中有任何一块玻璃脏了，责任不在负责擦玻璃的人，而在于负责检查的人。

这就是海尔 OEC 管理法。这种做法将工作分解到"三个一"，即每一个人、每一天、每一项工作。按照这一做法，海尔将冰箱制造的 156 道工序细化为 545 项责任，然后把这 545 项责任落实到每个人的身上。

在海尔，大到机器设备，小到一块玻璃，都清楚地标明了事件的责任人与事件检查的监督人，并列有详细的工作内容及考核标准。如此形成环环相扣的责任链，做到了"奖有理、罚有据"。

责任目标不空洞、可实现

制定责任目标时一定要考虑目标必须是责任人跳一跳就能做到的。如果说责任目标定得过低，责任人轻轻松松就能达到，就失去了责任目标的意义；但责任目标也不能定得太高，如果责任人怎么努力都达不到，同样也会失去激励作用。

责任目标必须与岗位职责相关

责任目标不能随意制定，要与具体的岗位职责相关，否则无法获得责任人的认同，甚至引起对方的反感，导致责任目标无法落实，变成一纸空文。

某公司在为前台制定岗位职责时，不仅将熟练掌握英语的听说能力列入其中，还要求前台必须学会六西格玛（一种改善企业质量流程管理的技术）。

前台对"掌握英语听说能力"的热情很高，一有空闲就会跟着视频学习，但对六西格玛却怎么也摸不到门路，而且工作中也用不到。在向上级反映了这一情况后，人力资源部主管也认识到这一要求与前台的岗位职责不符，就删除了这一条。

必须明确责任目标的达成时间

责任目标必须具备明确的截止日期。企业管理者在交代任务时，不仅要明确说明工作的要求、性质，还要明确提交时间。

一位老板曾很有感触地对我说："老师你说得太对了！有一次我交代一位员工帮我起草一份文件，后来由于忙别的事就把这件事给忘了。第二天我去了客户那里，不在公司。直到第三天，员工才把稿子交上来。其实这是一份很简单的文件，员工当天就应该交给我，结果拖了两天！"

我听出这位老板对员工的做法很不满意，于是我告诉他："其实你也有错，错就错在你没有明确告诉员工你什么时候要这份文件。如果你当时对他说事情很急，你下班前就要，我想他就是中午不吃饭也会在下班之前把文件交给你的。"

可见，管理者在向员工说明目标后，还应设置期限，这样员工才会有动力努力实现目标。

我曾经去遵义为一个团队做了好几个月的辅导。在此期间，这个团队创造了一个奇迹：他们在一个星期内完成了平常半个月才能完成的业务指标。在我辅导他们之前，所有人都认为这是不可能完成的任务，因为从来没有团队能够在一个星期内完成这么高的指标。当我了解了这一情况后，就开始与每一位团队成员分解该指标：每个人能分到多少指标，目前已完成多少指标，还需要什么条件才能达成这一指标。

听了我的分析，整个团队一致认为只要努力，指标是可以完成的。于是，大家开始想办法：分析客户数据，确认目标客户，积极与目标客户沟通……当期限到来时，整个团队不仅完成了预期目标，而且是超额完成！

在我看来，这个奇迹之所以能够实现，有赖于三个条件：第一，锁定了目标；第二，锁定了期限；第三，全体成员在目标与时间压力的刺激下，充分发挥了主观能动性。

健全责任体系，打造责任共同体

责任寄语

制度拟定了，还必须通过健全责任体系，打造责任共同体使之得到百分百的落地，只有这样，才能使责任意识在员工的头脑中扎下根、体现在行动上。

建立责任制度，使责任落实到位

为了使责任落实到位，企业需要建立切实可行的责任制度，比如第一责任人制度、首问责任制度、"谁主管，谁负责"制度、"一周清"制度及24小时回复制度。

建立责任人梯队制度。首先要明确谁是第一责任人。在我看来，老板是企业的第一责任人，企业出了任何事，老板的领导责任都无法推卸。其次，本着"谁主管，谁负责"的原则，还要明确第二责任人，这一责任通常由主管领导担负。第三，明确岗位职责及直接负责人，落实首问责任制。当客户前来咨询时，员工不能以"我不知道""我不清楚""这事不归我管"等借口搪塞客户，而要积极主动地帮助客户解决问题，或者协助客户找到相关部门的相关人员。

还有一些企业推行当日清、一周清等制度,也就是对问题设定解决时间,否则经手人就得承担责任。对于客户提出的质疑与问题,有些企业还推出了24小时回复制或48小时回复制等,目的也是为了使员工更有责任感。

善用热炉法则,建立责任惩罚机制

建立了责任制度,还必须设置与之配套的责任惩罚机制。在制定惩罚机制时,必须遵照热炉法则(见表6-1)。

表6-1 依照热炉法则建立责任惩罚机制

特点	表现
警示性	在实施惩罚制度前对员工进行规章制度教育,以示警告
及时性	在错误行为发生后立即进行惩处,决不能拖泥带水
必然性	只要员工触犯规章制度,就一定会受到惩处
平等性	人人平等,不论是企业领导还是员工,只要触犯规章制度,都要受到惩处

作为管理者,在实施责任惩罚机制前,有义务事先给予员工警告。也就是说,必须首先让员工了解自己的哪些行为是不负责任的,会招致哪些惩罚。只有这样,员工才会认为责任惩罚机制是公正的,即使事后遭受惩罚,也不会有怨言。关于这一点,

2500多年前的军事家孙武就已经给我们做了精彩的示范。

春秋战国时，吴王阖闾为攻打楚国，急需一位精通谋略的军事家，伍子胥向阖闾推荐了孙武。阖闾读了孙武刚刚写就的《兵法十三篇》，啧啧称好，但为了检验孙武是否有真才实干，就要求他按照自己写的兵法进行演练。为了增加难度，阖闾特意选了100多名宫女交给孙武训练。

孙武将宫女分成两队，指定阖闾的两个爱妃担任队长，由她们带领操练，同时指派自己的驾车人和陪乘担任军吏，负责执行军法。随后，孙武站在指挥台上认真宣讲操练要领。他问道："你们都知道自己的前心、后背和左右手吧？向前，就是目视前方；向左，视左手；向右，视右手；向后，视后背。一切行动都以鼓声为准。你们都听明白了吗？"宫女们回答："听明白了。"安排就绪后，孙武便击鼓发令。然而，尽管孙武事先说明了规则，宫女们也口中应答了，但她们内心却并不以为然，听到号令时，只顾捧腹大笑，以致队形大乱。

孙武便召集军吏，根据兵法，要斩两位队长。阖闾见孙武要杀掉自己的爱妃，马上派人传命："寡人已经知道将军能用兵了。没有这两个美人侍候，寡人吃饭也没有味道，请赦免她们。"孙武毫不留情地说："臣既然受命为将，将在军中，君命有所不受。"孙武执意杀掉了两位队长，任命两队的排头充当队长，继续练兵。当孙武再次击鼓发令时，众宫女前后左右，进退回旋，跪爬滚起，全都合乎规矩，阵形十分齐整。孙武让人请阖闾检阅，阖闾因为失去爱姬，心中不快，便托词不来，孙武便亲见阖闾："令行禁止，赏罚分明，这是兵家的常法，为将治军的通则。对士卒一定要威严，只有这样，他们才会听从号令，打仗才能克敌制胜。"听了孙武的一番解释，吴王阖闾怒气消散，拜孙武为将军。

制度再小，触犯者能力再强，也必须接受惩罚。只有这样，员工才会感受到制度的分量，才能使责任意识在头脑中扎下根、体现在行动上。

有个年轻人因条件好、能力强被某企业录用，不出几年，年轻人就成为车间的副主任。这个年轻人有个毛病，就是烟瘾特别大，但车间是不允许抽烟的，所以他每次想抽烟，就得去吸烟区。问题是吸烟区距离车间特别远，他吸烟次数又频繁，这一来一回很花时间。后来，他发现车间附近有个堆放杂物的房间平时很少有人去，为了不耽误工作，就常常在那解决烟瘾。

有一次，公司的副总经理下车间进行安全检查，正好发现这个年轻人在杂物间吸烟，副总经理二话没讲就走了。

第二天，公司就针对这件事出了处罚结果：一、对年轻人在全公司通报批评；二、年轻人被撤职、降薪，还罚了款。处罚结果落实后，违规吸烟现象就绝迹了。

如果领导在实施惩罚措施时没有坚持公平原则，不仅会使规章制度失效，而且会降低员工的工作士气，从而影响企业的发展。当然，人毕竟不是机器，不可能在感情上与所有人都保持相等距离。不过，作为领导，要做到公正，就必须做到根据规章制度而不是个人感情、个人意识和人情关系来行使手中的奖惩大权。

将责任与绩效结合起来

经管大师德鲁克坚定地认为"责任保证绩效"，可见，责任与绩效应该成正比。如果说，高度的责任感能够帮助员工取得更好的绩效，那么反过来说，把员工最关心的绩效与责任挂钩，使责任从无形变成有形，从而促进员工提高责任感也是可行的。所以，在制定绩效考核标准时，需要增加以下内容：一是确定每个责任的承担者是谁，二是没达到标准需要承担什么样的责任，接受什么样的处罚，从而将员工负责任的程度和任务的完成情况联系起来。

海尔集团某分公司曾经发生过这样一件事。

一位在美国读博士的男士给海尔打电话,请求他们为自己的妈妈安装一台空调,并强调老太太不识字。售后服务部接到这项任务后,就派了安装人员上门服务。安装人员装好空调后,只对老太太说了一遍如何使用空调,就匆匆离去。结果第二天一大早,老太太打电话说空调坏了。安装人员上门后,发现空调运转正常,一问才知道是老太太忘了怎么关空调。于是安装人员又花了不少时间从头教老太太如何使用空调。

　　在随后几天里,老太太一有不明白的地方,安装人员就要上门解决,这导致他没有完成当月的安装任务。到了月底,安装人员与售后服务部的经理被双双扣掉绩效。

　　从表面上看,这种处罚不近情理,因为安装人员的工作态度不能算不认真热情,对工作也够负责,但他错在没有意识到客户的特殊性,没有在一开始就为其提供特殊服务,导致他在服务上花费了太多时间。而售后服务部经理错在没有及时发现安装人员的错误,并给予指导。在海尔的责任文化中有这么一条:下级素质低不是你的责任,但如果你不能提高下级的素质,你就有责任。而售后服务部经理恰恰没有做到这一点,所以也要承担相应的责任。

建立责任文化,营造责任氛围

责任寄语

除了明确岗位职责,健全责任体系,公司还需要在内部建立责任文化,营造责任氛围,使员工自觉地以能够实现目标成效的方式,负责任地思考和行动。当全体员工都具备了高度的责任感,其执行力就会得到大幅度的提高,从而保证企业实现高速、高效运转。

明确岗位职责、健全责任体系、将责任与绩效结合,的确可以在一定程度上提高员工的责任意识,规范员工的责任行为,但这些措施只能让员工被动地负起职责,无法使其真正意识到"为工作负责、为企业负责"的重要性和必要性。所以,公司还需要在内部建立责任文化,营造责任氛围,使员工负责任地思考和行动。当全体员工都具备了高度的责任感,其执行力就会得到大幅度的提高,从而保证企业实现高速、高效运转。

阿拉里斯医疗系统公司是世界上最顶尖的医疗器械公司之一,但当 CEO 戴夫·施洛特贝克接手时,阿拉里斯却背负着"想法绝妙,但难以付诸行动"的名声。

戴夫凭借以往的经验,最初将工作重点放在改进生产部门效率上。但结果让他大吃一惊:不仅没有帮助公司摆脱困境,反而消耗了大量现金!戴夫又认为,根源出在员工执行力低下,于是他又将重点放在了提升员工的执行能力上。为此,他把大量时间用于关注细节,剩下的一点点宝贵时间用于经营。

尽管戴夫努力扭转局面,但公司依然以每月20%的亏损滑向破产的边缘。戴夫开始绝望。他感到公司陷入了一个不可逆转的下降漩涡,每时每刻都变得更加糟糕,并且看起来几乎无法好转。

一天,戴夫一边吃午餐,一边与一位市场部经理谈论公司的困境。当他们将话题逐渐从公司绩效转向那些不管公司境况如何都能发挥作用的员工时,戴夫突然领悟到:如果阿拉里斯没有这些人才,情况将会更加可怕,而如果每个员工都是负责任的,公司将会多么成功。最终他得出了一个结论:为了提高绩效,阿拉里斯需要建立责任文化,以便帮助公司持续培养负责任的员工。

在戴夫的努力下,阿拉里斯停止一切向财务业绩看齐的做法,转而以生产"提升病人的安全度、防止医疗事故的产品"为企业的发展目标,将员工的关注焦点从对自己的保护转向为公司的业绩拼尽全力。结果在短短三年时间里，公司的股票价格从每股 31 美分上涨到每股 22.35 美元，年收入增长率高达 15%，而同期竞争对手只实现了 3% 的年收入增长率！

与阿拉里斯医疗系统公司一样，越来越多的公司逐渐意识到责任在企业发展中的重要性，随即放弃效益导向，纷纷建立具有自身特色的责任文化。比如，鸿海集团将"责任"视为企业文化的灵魂，其董事长郭台铭就曾说过："在鸿海，没有管理，只有责任。""一个没有责任感的人，是无法获得授权的。"在责任文化的长期熏陶下，鸿海的每一个员工都能把"交给我的工作，就要做到最好"作为自己工作的动力。

事实证明：当责任心成为一种群体行为，形成气候时，将成为推动企业发展的强大动力。所以，企业一定要把责任教育列为责任文化建设的重中之重，不断开展"身边无小事，事事都认真；心中有责任，事事要尽责"等责任教育，在公司营造"负责任光荣、不负责任可耻"的氛围，努力建设一支具有强烈责任心的团队。

责任文化，教育先行

建立责任文化，企业首先需要对全员进行责任教育。比如，在新员工入职时，除了介绍企业发展史、企业文化、团队理念，还要对其进行责任教育，向其灌输"天天讲责任、事事讲责任、人人讲责任"的责任理念。

每个进入索尼的新员工都会听到这样一个故事：在公司艰难的创业时期，一个美国大买主曾经要求负责美洲业务的盛田昭夫分别报订购 5000 台、1 万台、3 万台、5 万台及 10 万台收音机的单价。

按常理，订货数量越多单价越低，但盛田昭夫却列出了一张奇怪的报价单：5000 台是常规价，1 万台可以打折，3 万台价格开始上升，5 万台的单价居然高于 5000 台的单价，而 10 万台的单价最高。所有人都对此大惑不解。盛田昭夫解释说："如果我们签了 10 万台的合同，就得建新的工厂、购进设备、招聘工人，如果第二年签不到续订合同，公司就会陷入困境。我们不能按订货的上升和下降来聘请员工和解聘员工。因为我们对员工负有长期的义务，而员工对我们也是这样。"

通过责任教育，新员工首先想到的不是解聘危机，而是基于被认同、被尊重而产生的"为企业负责就是为自己负责"的感慨，从而为企业的发展尽自己最大的努力。

当然，针对老员工的责任培训也不能松懈。人都是有惰性的，一旦在同一个岗位待得时间长了，往往很难保持长久的热情，继而出现不按工作流程做事、不能严格遵照工作标准工作、不愿接受上级监管等现象。所以，针对老员工的责任培训，重点要放在规范其工作行为上，即通过不断演练、重复操作，使老员工对业务流程达到熟悉的程度，对业务标准形成条件反射。

领导带头做出表率

要在企业中形成浓厚的责任氛围，领导必须以身作则，带头做出责任表率。领导一正能压百邪，领导邪一寸，下属能邪百里。如果领导只是要求普通员工必须严格按照流程、标准、制度办事，而自己一旦出了问题就率先逃避责任，那么无论怎么对员工进行培训教育，其行为也不会好到哪里去。反之，领导敢于担责任，员工就会不惧怕犯错误，就会勇于创新、大胆探索，为企业的发展献计献策，尽职尽责。

我曾经在一个经理的办公室门上看到这样一条标语：这里是无借口区！一问才知道，他被下属各种不负责任的借口搞得焦头烂额，才通过这种方式提醒下属来向自己汇报工作时，只讲结果、解决办法，不要拿各种借口搪塞他。而他也以此勉励自己，凡事不找借口，勇敢承担责任。

在我与他谈话时，一个客户打来电话向他抱怨该送的货还没有送到，他立刻说道："这的确是我们的错，我向你道歉，并保证下一次不再发生此类事件。"

挂断电话后，他对我说之所以出现这个状况，是因为送货车被堵在路上。他刚才本想将这一情况告知客户，但一想到自己提出的"无借口"口号，便改变主意，主动承担了责任。

他发现，自从他将"不找借口"身体力行后，整个部门的员工都能积极认真地面对各种问题，部门的责任气氛浓厚，人人都变得更有担当。

张贴标语，营造责任氛围

为了防止员工对责任三分钟热度，企业还需要拟定一些既醒目又朗朗上口的标语，张贴在员工容易看见的地方，以起到时时提醒的作用。在这方面，松下电器做得尤为成功。

在松下电器，无论在办公室、会议室，还是在生产车间，其墙壁上面总是挂着一幅画：上面画着一条即将撞到冰山的轮船，还写着一行十分醒目的字——只有你才能拯救这条船。通过这幅画，松下电器的员工时刻以企业主人自居，明白自己与公司同呼吸、共命运的道理，所以大家各司其职、齐心协力为公司谋发展。这也是松下电器能成为世界500强企业并长期保持高速发展的重要原因。

我曾经走访了很多企业，发现不少企业都设有文化墙，在上面张贴了很多关于责任的标语。在这里我将其中的精华奉上，供大家借鉴。

1. 尽责为荣，失责为耻。
2. 能力有高低，责任无大小。
3. 责任无人不有，责任无处不在。
4. 细节体现责任，责任决定成败。
5. 责任造就魅力，责任提升能力。
6. 责任关系发展，职务就是责任。
7. 有责才能有为，有为才能有位。
8. 我的工作我负责，我的岗位请放心。
9. 只有充满责任感，才能充分展现能力。
10. 责任代表职业精神，责任决定施展的成就。
11. 责任是使命和风险，能力是本领和才干。
12. 能力体现工作要求，责任代表职业精神。
13. 只有承担更大的责任，才能具备更高的能力。
14. 责任是能力的核心，责任决定了能力施展的方向。
15. 只有履行责任才能让能力展现最大的价值。
16. 敢于负责，敢于落实，责任缔造成就。
17. 责任胜于能力，责任承载能力，责任提升能力。
18. 能力有高低，责任无大小，责任是能力的核心。
19. 岗位就是责任，责任关系发展，而发展重于泰山。
20. 责任产生凝聚力，责任提高战斗力，责任增强竞争力。

第七章
超越责任,从优秀到卓越

> 责任感常常会纠正人的狭隘性。当我们徘徊于迷途的时候,它会成为可靠的向导。
>
> ——普列姆昌德

责任是与生俱来的使命

责任寄语

一个人是否尽到了责任,就看他是否尽了全力,是否做到了问心无愧。

一个人从出生到死亡需要扮演许多角色,这些角色大体上可分为两种:家庭角色与社会角色。在家庭中,对父母来说,你是子女,对孩子来说,你是父(母),对伴侣来说,你是丈夫(妻子);在社会中,你首先是个公民,其次还会扮演学生、员工、下属、上司、老板、合作伙伴等角色。

但不管是什么角色,都有相应的职责和义务,也就是使命。做父母的应当将儿女抚养成人,并给予正确的教育;做儿女的应该孝顺父母;医生的使命就是救死扶伤,对病人负责;教师的使命就是答疑解惑，教书育人；员工的使命就是尽职尽责做好工作……

假如父母没有含辛茹苦地抚养我们，我们如何长大成人？所以抚养孩子是父母的使命。假如军人不能出生入死地保家卫国，我们怎么能够安居乐业？所以保家卫国是军人的使命。假如企业家没有依法经营，何来国家的经济繁荣？所以依法经营是企业家的使命。假如老板们都不好好经营企业，不能为员工提供发展平台，员工何以为生？所以好好经营企业，为员工提供更好的平台就是老板的使命。假如员工不完成自己的工作职责，企业又何以持续经营下去？所以完成工作是员工的使命。

但在现实生活中，很多人都没有认清自己扮演的角色，不愿肩负自己的使命，结果造成无法挽回的损失。

一个老木匠的手艺很精湛，他盖的每一所房子都受到了老板的喜爱和好评。劳累了大半辈子，他想退休了，于是他向老板提出辞职。老板再三挽留后对老木匠说："请你再建一栋房子，建完后你就可以退休了。"

老木匠为了尽快过上退休生活，心已经完全不在建造房子上了。他选料时把关不严，做工也不像以前那样精雕细琢、精益求精，所以房子很快就建好了。完工那天，老板来了，他笑眯眯地对老木匠说："其实，这房子是我送给你的礼物。"老木匠听罢羞愧难当。

使命的最高境界就是做到问心无愧。这四个字是我初入管理咨询行业时，我的老师送给我的，而我也一直在用实际行动努力实践着。《钢铁是怎样炼成的》这部名著想必很多人都很熟悉，我很喜欢书中的一句名言："人最宝贵的东西是生命。生命对我们只有一次。一个人的生命应当这样度过：当他回首往事的时候，不因虚度年华而悔恨，也不因碌碌无为而羞愧。"

假如一个人能够对着自己的父母拍着胸口说"我问心无愧"，那么他一定是一个孝顺的孩子；假如一个人能够对着朋友讲"我问心无愧"，那么他在生活当中一定是一个有情有义、值得结交的人；假如一个员工能够拍着胸口对老板说"我问心无愧"，那他一定是一个优秀的员工。

强者承担责任，弱者逃避责任

责任寄语

强者与弱者之间最大的差别在于对待责任的态度：强者勇于承担责任，而弱者常常选择逃避责任。

在现实生活中，有些人是生活的强者，而有些人是生活的弱者，那么，强者与弱者之间最大的差别是什么？是对待责任的态度：强者勇于承担责任，而弱者常常选择逃避责任。

有两个人，一个叫约翰，一个叫丹尼尔，他们在同一家快递公司做快递员。有一次，他们要把客户的一件古董送到另外一个地方去。当约翰把古董交到丹尼尔手里时，丹尼尔还没来得及接住，约翰就放手了，结果古董就摔到地上，碎了，两个人顿时傻眼了。还是约翰的脑子转得快，他抢在丹尼尔之前，将情况向老板做了说明，并强调这件事是丹尼尔一手造成的，跟自己没有任何关系。

老板听完约翰的话后，就让约翰把丹尼尔叫了过来。丹尼尔简要叙述了事件经过，并主动承担责任，愿意赔偿。老板随即做出决定：丹尼尔留在公司，损失由丹尼尔与公司共同承担，而约翰不仅被立即辞退，还要赔偿公司一大笔损失。

"天地生人，有一人，当有一人之业；人生在世，生一日，当尽一日之勤。"具有强烈责任感的人，在担负责任的时候，虽然要忍受身体与心灵的折磨，但一定会为自己赢得信誉和尊严，获得他人的信任与尊重，以及社会的认可。

1920年，美国一个9岁的小男孩在家门口的空地上踢球时，不小心将邻居家的玻璃打破了。愤怒的邻居向惊慌失措的男孩索要12.5美元的赔偿。在当时12.5美元可不是一笔小数目，对于一个小孩来说不啻天文数字。于是小男孩只好向自己的父亲求助，没想到一向对他宠爱有加的父亲却让他自己负责。小男孩为难地说："这么一大笔钱我从哪弄呢？"小男孩的父亲回应道："这笔钱我可以借给你，但一年后你必须还给我，因为承担自己的过错是一个人的责任，是责任你就不能选择逃避。"此后，小男孩为了偿还这笔钱，开始了艰苦的打工生活。经过半年的不懈努力，他终于挣够了12.5美元，并把它还给了父亲。

通过这件事，小男孩明白了一个道理：犯了错，就必须勇于承认错误，并承担后果，不能逃避。这个小男孩最终果然取得了成功，成为第40任美国总统。

2010年，就有这样两个人用行动证明：敢于承担责任的人，即使再普通，也会受人尊敬，成为生活中的强者。

2010年2月，武汉建筑商孙水林为赶在大雪封路之前将工资发给农民工，在驾车回武汉的途中遭遇车祸，一家五口不幸遇难。弟弟孙东林为了完成哥哥的遗愿，顾不上料理哥哥的后事，终于在大年三十的前一天凑齐了33.6

万元工钱，将其发到60多个农民工的手中。在做完这一切后，孙东林泪流满面地说："我现在终于可以站在我家的楼上，向所有的人说，我们兄弟俩不欠别人一分钱！"当人们听到这个感人的故事后，无不为兄弟俩的这份承担责任的勇气而叫好。

当然，要想做到在责任面前主动、积极，是需要经过长期训练的。

首先，需要给自己灌输责任的重要性。惠普前全球副总裁孙振耀曾经说过，"如果没有责任心我走不到今天"。可见，要想获得成功，就必须承担相应的责任。有了负责任的意识，在面临责任时，员工就能很快克服逃避心理，在工作中长期保持踏实认真的心态。

其次，对自己有较高的期待，保持良好的自信。只有对自己提高要求，员工才会有动力将事情做得更好；只有对自己有信心，员工才能够在工作面前多承担一份职责。

最后，对即将接手的工作提前做好准备。只有对工作安排有良好的预见性，在获得任务时，员工才不会有太大的压力，才能从容、积极地应对工作内容的改变，更高效地完成工作。

当然，即使做到了以上几点，在完成工作的过程中，员工可能还是会遇到这样或那样的难题，出现畏难、退缩的情绪，这时就需要给自己找到一个身边的好榜样，想想他能做到，自己也能做到，同时要经常向他取经。

总之，要想获得成功，成为工作中的强者，员工就必须做到在工作上积极主动，勇于负责。

干一行，爱一行

责任寄语

爱和热忱是无价的，它能够让你在工作中创造出更多的价值，也能够让你在工作中展现奇迹。

爱一行，才能干好一行

有一次，我去听自然美总裁蔡燕萍女士的演讲。在讲到自己的创业经历时，她问道："各位，你们看我有多少岁？"有人说50岁，有人说不到50岁，她说自己已经60多岁了，台下一片哗然。在讲到自己成功的秘诀时，她说："我之所以能够取得成功，是因为热爱，所以我执着！"

蔡燕萍女士的话自然不错。如果你不热爱自己的工作，执着就只能沦为一句空话，而坚持就会成为空谈。因为只有热爱，你才可能执着地追求。

道理很简单。如果一个女孩子对你说"我现在口渴了，你帮我买一瓶可乐过来"，而外面正夏日炎炎，你离她又很远，需要坐一个多小时的车才能送到，你会怎么做？如果你爱她，天气、路程都不是问题，你甚至会为有这样一个大献殷勤的机会而欢呼雀跃；如果你不爱她，你会或直接或间接地拒绝，恐怕心里还会骂一句"贱人就是矫情！"

在职场，任何工作都不会只有鲜花和笑声，艰难困苦少不了，但如果你热爱它，你就会愿意承担这些苦痛。

"二战"后，日本经济之所以能在短时间内迅速崛起，主要归功于日本人对工作认真负责，而且大多热爱自己的工作。日本管理学家中谷彰宏在谈到这一现象时这样说道："工作对你而言究竟是有趣的，还是枯燥乏味的，全要看你有没有热诚努力地去做好它。再枯燥无味的工作，努力去做也会变得有趣；再有趣的工作如果兴味索然地做，都会变得无趣，不信你把自己装成没有兴趣的样子去玩游戏机看看。一个人不能从工作中找出乐趣，那不是工作本身枯燥的缘故，而是他自己不懂得工作的艺术。"

一天只有24个小时，除去睡觉的时间，大部分时间我们都要在职场中度过。如果工作时不开心，将意味着一生的基调都是灰色的；反之，如果对工作感兴趣，不仅能使我们从工作中获得加倍的快乐，还可以把疲乏减至最少。

2009年,中央电视台的《东方时空》栏目中有一期对比了美国校车与中国校车。在讲到美国校车时,一名受访的美国女校车司机说:"我小时候看到叔叔驾驶着校车很神气,于是对校车司机特别向往,心想以后我要是能成为校车司机多好,结果我长大了真的成了一名校车司机。每当看到孩子们上车,我心里就特别的自豪;每当看到孩子们慢慢长大,他们的孩子也来坐我的校车,我就特别有成就感。"

在谈话过程中,这名校车司机的语言、语气、表情无一不流露出内心对这份工作的热爱,成就感、快乐感溢于言表,但实际上她只是一名驾驶员。在中国,尽管很多人干着比她更有发展前景的工作,但却没有她的那份享受工作的心境,因为人们只把工作当作赚钱的工具,而不热爱它!

干一行,就要爱一行

当我在培训中问学员"你们最喜欢什么样的工作"时,很多人都说是自己喜欢且工资高的工作,但现实往往不尽如人意,能够把兴趣变成工作,是可遇不可求的。所以,当你无法选择自己所爱的,就要努力爱你已经选择的。当你做到这一点,就一定能够脱颖而出。

小苏出身于一个音乐世家，从小就很喜欢音乐，并受到了很好的音乐启蒙教育，所以她期望自己能够从事音乐事业。但高考时她阴差阳错地选择了工商管理专业。一向认真的她，尽管不喜欢这一专业，还是学得格外刻苦，每学期各科成绩均是优异。大学毕业时她被保送到美国的一所名校攻读MBA，后来，她又以优异的成绩拿到了经济管理专业的博士学位。如今她已是一家知名证券公司的高级分析师。

　　她曾不无遗憾地说："至今为止，我仍不喜欢自己所从事的工作。如果能够让我重新选择，我会毫不犹豫地选择音乐。但我知道那只能是一个美好的'假如'了。因为我既然坐在现在这个位置上，我就有应尽的职责。"

世界上没有平凡的工作，只有平凡的人。重要的不是你在做什么，而是你怎么做。只要你对工作充满爱和热忱，即使不那么喜欢自己的工作，也可以做到最好。

　　去年我去一家企业做培训，一个员工跟我讲："蔡老师，我其实很不喜欢我现在的岗位。我很想做销售，但现在却在做技术。"我告诉他："假如你真的想做销售，也不要急着转岗，而是应该把现在的岗位做好，然后你再向公司表达你的意愿。这样，你就比其他销售人员多了技术优势，毕竟客户更相信专家。"

听完我的分析，他觉得很有道理，于是一改往日的颓废、应付，积极投入地工作。最近，我听到了他的好消息：他已经成为公司重点培养的销售人才。

不管你是否喜欢今天的岗位，如果很难改变现状，那只能努力地喜欢它。因为爱和热忱是无价的，它能够让你在工作中创造出更大的价值。

机会只青睐有责任心的人

责任寄语

责任和机会是相辅相成的，只有拥抱责任，才能抓住机会。逃避责任，再好的机会也会擦肩而过。

只有拥抱责任，才能抓住机会

很多人都曾对我说过自己博学多才，就是没有施展的机会。

虽然每一个人都很渴望抓住机会，但我想说的是，责任和机会是相辅相成的，在你肩负责任的时候，机会也就来了。

打个比方，一个企业有一个重要的项目要实施，而企业老板说"这个项目的负责人采用竞争上岗，谁把这个项目做好了，谁就是下一任的总经理"。很明显，这个项目既意味着责任重大，也是一个绝好的升职机会。

我曾经辅导过一个企业。该企业的业务按地理位置被划分为五大片区。由于各个片区的经济发展水平不平衡，所以业绩表现参差不齐。结果就出现了业绩好的片区大家挤破头，而业绩不好的片区无人问津的情况。可是再不好干也总得有人去干，于是老板找到最不被大家看好的候选人小李，要求他去业绩最差的片区当业务经理。

碍于老板的情面，小李答应了。虽然在离开老板办公室的时候他有点后悔，但说出去的话就像泼出去的水，没法收回了，所以他转念一想：我既然已经答应了老板，就要全力以赴地做好，说不定会有意想不到的收获。

结果到任后，小李担当起片区经理的责任，努力争取客户，打造团队，只用了两年时间，就将该片区的业绩做到了全国第二。不出所料，第三年，他被提升为公司的副总经理。

只有拥抱责任，才能抓住机会。可很多人在面对责任的时候，只看到了压力和困难，却看不到责任背后的机会，故而选择逃避。这样的人，即使有再出色的才能，也只能与机会擦肩而过。

甲、乙两个年轻人同时进入企业。在试用期内，两个人都能用心做事、勤勤恳恳，但在试用期的最后一天上午，两个人接到了解聘通知，理由是试用不合格。

这时甲想：我在试用期做得很不错啊，怎么说我不合格？这个公司真垃圾！于是他的心就不在工作上了，也没有把手头的工作做好交接，下午就办了离职手续走人了。而乙却想：虽然无法在这个公司做下去了，但手头上还没有做完的工作一定要做好交接，否则接手的人无法做下去。于是他比以往做事情更认真、更用心。

就在快下班的时候，乙又接到了一通电话，是老板打过来的。老板告诉他第二天继续来公司上班。当乙疑惑地询问原因时，老板告诉他："其实你们两个的工作表现都不错，我们就是想看看你们两个人对待工作的责任心如何，而你用你自己的责任心赢得了更多机会。"

想要在工作、生活中赢得更多的机会，就请多承担一份责任。因为担当了责任，就一定会有更多机会。

在机会来临前,请将责任准备好

如果你一直在基层岗位工作,由于表现突出,被提拔为部门经理,那么这对你来说就是一个机会,但也意味着你身上多了一份责任,一份部门经理应该担当的职责和义务。与做普通员工时相比,你肯定会更累、更忙,责任会更重大。为此,你不仅需要做好心理准备,还要努力充实管理知识,在工作中锻炼管理能力。这个过程将是十分痛苦的。中国人常说"无官一身轻",反过来说,当了官就要肩负起更多的职责。

但很多人在机会来临时并没将责任准备好。比如,随着企业的发展壮大,需要更多的管理人才,除了从外部招聘,也会考虑从基层提拔一些表现优异的员工。结果许多员工由于疏于学习,没有准备好、能力不够,只能眼睁睁地看着机会溜走。再比如,许多人也很努力,但耐心不够,一看到升职无望,就不负责任地一走了之。结果,当企业发展壮大后需要充实管理层时,才开始后悔没有坚持到最后。要知道企业的发展不会一蹴而就,总会有一个相对漫长的过程,只有坚持负责到底,才有可能等到机会。

当你在抱怨没有机会的时候,请好好想想自己是否在责任层面准备好了,是否愿意承担因责任带来的痛苦和压力。

我在培训时经常问学员这样一个问题:一个200斤的担子和一个50斤的担子,你愿意挑哪一个?很多人表示愿意挑50斤的,因为很轻松。其实大多数人在工作中也是如此,喜欢轻松的工作,不愿意做又苦又累的工作。

在人才市场，贪图轻松、畏惧困苦的应聘者比比皆是。许多需要吃苦耐劳精神的岗位往往乏人问津，而应聘文员的人却特别多，因为在他们眼里，文员只需很轻松地每天坐在办公室打打电话、处理文件就可以了，工作轻松，没有压力。

问题是，今天你为贪图轻松只挑 50 斤，一旦有一天需要你挑 200 斤的担子，你肯定无法胜任，那你一辈子也就碌碌无为，泯然众人，成功将与你渐行渐远。可如果你选择挑 200 斤的担子，虽说开始会有些吃力，但习惯以后，会跟挑 50 斤担子一样轻松。当你比他人能够承担更多的重任时，你在职场中就一定会有更好的发展前景，成功将唾手可得。

责任比报酬更重要

责任寄语

一个合格、成熟的职场人士，应该全力以赴做好本职工作，争取在同等的时间内创造更大的价值。因为能力比报酬更重要。

别问企业给了"我"什么，先问"我"为企业创造了什么

一个合格的职场人士应该抱有这样一种想法：别问企业给了我什么，先问我为企业创造了什么。但很多人工作时却是"企业必须给我多少报酬，我才做多少的事情"。他们嘴里常说的就是："只有这么一点工资，我为什么要多做事情？""没有奖金，我凭什么认真做事？"说这种话的人往往是只站在自己的角度看问题。从公司的角度看，正是因为你只做这么一点事，才会挣这么一点工资；正是因为你不认真做事，所以才没有奖金。

对于员工来讲，责任就是为企业创造价值。如果你创造的价值小于企业为你付出的成本，甚至压根没有创造任何价值，你就没有尽到责任，被扫地出门就是迟早的事。所以一个合格、成熟的职场人士，应该全力以赴做好本职工作，争取在同等的时间内创造更大的价值。

对员工来说，能力比报酬更重要。当能力得到提升后，你的报酬自然会得到相应的增加；如果你先看报酬，计较一丝一毫的得失，不注重能力的提升，往往会影响收入。记住：在想收入高不高前，请先问问自己能力够不够。

要想获得高收入，就要做好比他人付出更多努力的准备。因为每个人的资质基础、悟性是不一样的。如果你的基础好、悟性高，成长得就快一些，反之，成长得就会慢一些。

很多人不懂得这个道理，别说付出比他人更多的努力，就是

付出与他人一样多的努力也不愿意，可是却想获得与他人一样的收入，甚至更多。

有一次我们公司要招一个文员。招聘启事发出去后，很多人打电话询问具体情况时，头一个问题就是："一个月能给多少钱？"接线人员答道："基本工资是1000元。"对方一听，纷纷表示"1000元太低了，根本不够生活的"。

我听说这件事情后，告诉接线人员："如果还有人打电话进来询问工资待遇如何，你就告诉他10000元一个月。"当接线人员告诉对方这个结果时，对方至少有两秒钟没说话，因为这个结果太令人难以置信了。接着，接线人员告诉对方："这钱也不是好拿的，你要能为公司创造100万元的利润才行。"对方一听傻眼了，悻悻地挂了电话，因为他知道自己没有能力挣到这笔钱。

只要员工能为企业创造实实在在的利润，企业是不会亏待员工的，一定会给予相应的回报。所以，先别问企业给了"我"什么，而要先问"我"为企业创造了什么。

用雷锋精神武装头脑

我的一对朋友夫妇移民去英国后，曾托我找一样东西——雷锋的照片。据说是一个老外托他们要的。原来这个老外开了一家公司，他想把雷锋的照片挂在公司的墙上，在公司宣扬雷锋精神。什么是雷锋精神？对企业来说，就是员工对企业的无私奉献、爱岗敬业。雷锋生前最亲密的战友乔安山曾经记录了这样一件事。

1959年8月的一天，雷锋下班后发现厂里的专运线上放着一千多吨水泥，到了半夜，雷锋被雷声惊醒，想起放在专运线上的水泥如果不及时盖上，会被雨淋湿，于是他立刻爬起来动员工人们盖水泥。

由于雷锋人缘好，他一招呼，大家纷纷穿上衣服、雨衣，找席子、棚布盖水泥。当大家将能找到的席子、棚布都用完时，还剩下一小部分水泥没东西可盖。就在大伙茫然不知所措时，雷锋第一个跑回宿舍把自己的被子、褥子等能遮盖水泥的东西都拿了出来盖在水泥上。当时一位老师傅说："雷锋，这可不行，你盖了水泥晚上咋睡？"雷锋却说："只要水泥不受损失，我没被子盖算啥呀！"这件事传到领导耳朵里以后，我们矿党委书记在会上激动地讲："我们厂里这么多党员干部上下班时都看到了那些水泥，但谁也没往心里去，只有雷锋这么个小工人，入厂还不到一年，调入本矿还没几天，他就知道去盖水泥，就知道国家的财产应该保护，这让我们都感到惭愧。"

一个为企业挽回损失而感到高兴自豪的员工，企业怎么会不珍惜，怎么会不大力培养、提拔？所以，在企业呼唤雷锋式员工的时候，员工也要好好想一想，自己是不是能多从企业的角度考虑问题，做到爱企如爱家？

拒绝雇佣思想，与企业一起成长

责任寄语

既然已经选择就不要轻言放弃。只有不为小利所诱惑，脚踏实地做工作，与企业一起成长，才能迎来职业的春天。

做好职业规划，莫当"职场跳蚤"

在选择职业的时候，很多人，尤其是大学毕业生缺乏职业规划，选择工作时过于草率，只要对工作不满意，就忙着辞职找下一家，结果犯了"猴子掰玉米"的错误。

有一只猴子路过一片玉米地，他觉得这片玉米地的玉米长得真好，于是心想要掰一个最大的。就当他刚刚掰了一个大个的玉米时，发现前方有个更大的，于是扔掉手里的玉米，去掰那个看起来更大的玉米，如此反复，它不知不觉间来到了田地尽头，这时才发现自己手里拿的那个玉米似乎还是不够大。

什么样的工作才是好工作？自然是薪水高、平台好、有升职前景的，而能将三者集于一身的工作，一般人又hold不住。但有些人往往又无自知之明，于是陷入了反复求职、频频跳槽的怪圈。

柯某毕业于一所有名的财经大学的金融专业。由于兴趣广泛，在学校兼修了日语，并取得了保险代理人证书、会计上岗证及驾照。毕业后在一家私企谋得会计一职，迈出了职业生涯的第一步。然而三个月试用期后，柯某发现自己并不喜欢会计工作，于是她到保险公司做起了业务代表，没想到两个月后由于没有业绩而被公司淘汰。

在接下来的半年时间里，柯某做过前台接待、理财顾问、电话销售、部门助理等不同的工作，但都没能超过三个月。

还有一种人在工作中往往抱着"这家不行找下家"的心理，即使企业老板激情万丈地向他们说"我们的三年规划是什么，五年规划是什么，十年规划是什么，大家只要好好跟着我干，以后一定有奔头"，他们也不会将这些放在心里。他们总想一口吃个胖子，总想一步能登上天。只要有企业能给更高的薪水、更好的工作环境、更好的职位，不管什么行业，不管能干多久，不管是否符合自己以后的发展方向，他们总会立马义无反顾地跳槽。到头来，往往哪一样也没学精，哪一件事也没做成。

阿力从药剂专业毕业后，进入了一家医药集团，在技术部做工程师。虽然福利待遇不错，培训机会也不少，可每逢朋友聚会他都会受到一番刺激——不是这个朋友被提拔了，就是那个同学加薪了，于是他开始为自己的发展做打算。经过几次跳槽后，他终于进入一家公司担任研发部主管工作。原以为好日子已经到了，但由于阿力没有做过主管，干了几个月，不仅新产品没有开发成功，研发部也被他管得一团糟。不久，阿力就被公司辞退了。

其实老天爷在每一个人寻找工作的时候，都给了他一粒摇钱树种子，只要找准地方种下去，不停地浇水、施肥、除草，摇钱树迟早会长大、结果。但问题是有的人将摇钱树的种子随便丢在地里后，就急不可耐地希望摇钱树赶快长大。当摇钱树没有按照他的要求长大时，他没有意识到问题出在自己太过急功近利，而是认为地方选得不对，于是就换一个地方将种子重新种下。可不到三个月,他又开始抱怨摇钱树怎么还是长不出钱来,于是又换一个地方……如此反复,很长一段时间过去了,他依然两手空空。

古语有云"欲速则不达"。频繁跳槽的人会为自己的目光短浅付出沉重代价:由于疏于经验积累,往往跳槽越多,待遇越差;而企业在招聘时,也会特别留意应聘者的履历,如果应聘者在短时间内频繁跳槽,通常都不会被录用。

脚踏实地,与企业一起成长

在企业,最受欢迎的是能够在一个岗位上默默耕耘、深挖潜力的人。

> 华为老总任正非曾写过一篇非常有名的《致新员工书》。他在文中写道:机遇偏爱踏踏实实的工作者。……公司永远不会提拔一个没有基层经验的人做高层管理者。遵循循序渐进的原则,每一个环节对您的人生都有巨大的意义,您要十分认真地去对待现在手中的任何一件工作,十分认真地走好职业生涯的每一个台阶。……踏踏实实地一点一点地去做,不要哗众取宠。

很多人之所以平庸,是因为脑袋里的杂念太多,希望一来就受到领导的重用,但这只能是不切实际的幻想。其实,只要安下心来扎下根，用五年甚至十年去做一件事，就一定能够完成看似不可能完成的任务，做出让人惊叹的成绩。

20世纪90年代初，我的一个大学同学张某被分配到一家国有企业。由于企业效益不好，过了几年又赶上下岗分流，张某就下岗了。为了生存，他只好到一家民营企业工作，做质检员。

当时这家民营企业也是刚起步，工作条件很艰苦，员工不但要经常加班，工资也不高。当时与张某一起进厂的还有九个人，可一个月后就走了八个。一年后，另一个人由于其他厂子每个月能多给200元钱也走掉了，只剩下张某还在坚持。

虽然张某每天的工作很简单，就是测量产品是否合格，如果产品不合格，就将其退回车间反修，但他是一个很有想法的人，不仅会思考怎样提高质检效率，还会考虑其他部门的事，比如产品合格率、管理规范等。

机会只会留给有准备的人。三年后，他的机会就来了——质检部经理因故调离，企业需要一位新的质检部经理。企业管理层聚在一起讨论人选时，不约而同地想到了张某，觉得他工作勤勤恳恳，又肯动脑筋想办法，于是张某顺理成章地当上了质检部经理。

这家民营企业经过十几年的发展，从最初的活动厂房、一条生产线，发展成为一家员工数万、产值数十亿的上市公司，而张某作为公司的元老也一路高升，最终做到了副总经理的位子，收获了他所有想要的一切——他是我们班上最早有房有车的人，也是目前为止我们班上发展得最好的人之一。

我经常在培训中提及这个案例，就是想告诉大家：只要坚持，与企业一同成长，就有可能最终收获成功。

我以前曾被一家企业邀请做培训。当时这家企业有一批与企业同龄的老员工。虽然他们已经坚守了十几年，但企业的发展还是不太理想，于是他们中的一些人开始出现萎靡、失望情绪，总之充满抱怨。对企业目前正在争取的一个项目听之任之、不为所动。于是我对他们讲："只要企业争得这个项目，企业就能重生。既然你们都已经坚持了十几年，为什么不可以一如既往地再继续支持几年呢？也许就是这最后一点坚持，大家就可以得到想要的一切。"

人生很短暂，职业生涯的黄金期一晃就过，所以员工不要一不如意就跳槽走人。古人说"不是不报，时候未到"。在企业里，收入高且稳定的人，往往是在企业里工作了很长时间且对工作兢兢业业的人。所以要坚信一分汗水一分收获，要耐得住寂寞，甘心十年磨一剑，与企业一起成长。

忠诚，对企业不抛弃不放弃

责任寄语

在企业困难时忠诚于企业，承担更多的责任，才能使自己的能力得到更多的锻炼。企业渡过难关后，你一定会成为企业最为倚重的人才。

员工与企业是共生关系。如果把企业比作是一条航行于惊涛骇浪中的船，那么员工就是船上的水手，一旦上了这条船，员工的命运就和企业的命运紧紧拴在了一起，需要所有员工全力以赴把船划向成功的彼岸。否则，船翻了，员工也不可能独生。

但有些人只愿意与企业共富贵，却不愿与企业共患难，往往在企业遇到一点点暂时的困难时就开始沉不住气，选择退缩，另谋他职。其实，他们忘记了一点：在企业困难时忠诚于企业，承担更多的责任，才能使自己的能力得到更多的锻炼。企业渡过难关后，他们就一定会成为企业最为倚重的人。

丽丽的学历不高，长相也很一般，干的又是跑腿打杂的助理工作，所以在公司里显得极不起眼。

虽然职位低微,但丽丽却懂得"公司好,自己才会好"的道理,所以总是在力所能及的范围内积极为公司尽着自己微薄的力量。

在公司工作了两年后,公司因资金紧张出现运营困难,连员工的工资都发不下来,于是员工纷纷跳槽。

丽丽将这一切看在眼里,为此心急如焚。为了挽救公司,她花了两个星期的时间就公司正在运作的一个项目做了一份改进报告。第二天,她鼓起勇气走进老板的办公室,直截了当地问老板:"您认为公司已经垮了吗?"老板很惊讶她的举动,但还是坚定地否认了。

"既然没有,您就不应该这样消沉。现在的情况确实不好,可公司不是还有一个正在运作的项目吗?只要好好做,公司就可以重整旗鼓。"说完她拿出改进报告放在了老板的桌子上。

隔了几天,丽丽就被派去跟进该项目。两个月后,该项目被丽丽成功拿下,挽救了公司。事后不久,丽丽被破格提拔为公司的副总经理,又帮着老板做成了好几个大项目。

当有人问丽丽是如何成功的,丽丽的回答很简单:"一要用心,二要忠诚。"

其实,世上有些道理是相通的。比如,夫妻双方应该彼此忠诚,才能感受幸福。公司和员工也只有彼此忠实,才能相互促进,有好的发展。很多人对我说："蔡老师，我想让自己的收入高一些。"我总是说："只要愿意跟着企业一起干，在企业经营困难时不抛弃不放弃，当企业渡过了难关后，你的能力也准备好了，观念也到位了，你就会是企业顶层中的一个。"

既然已经选择了，就不要轻言放弃，当公司出现经营困境时，只要大家一条心，就没有过不去的坎，没有战胜不了的困难。当困难被克服后，辉煌的明天一定会降临在你的身上，你的职业道路一定更加光明！